EL VENEZOLANO

QUE FUIMOS

1982-2015

EL VENEZOLANO

QUE FUIMOS

1982-2015

Roberto de Vries

Published by The Little French eBooks

Art Cover by Freddy Flores

INDICE

CAPÍTULO I 5

EL VENEZOLANO QUE FUIMOS (1982/2015)

CAPÍTULO II 31

FASES HISTÓRICAS DE VENEZUELA SIGLOS XX Y XXI

CAPÍTULO III 41

DIAGNÓSTICO DEL VENEZOLANO 2015

CAPÍTULO IV 63

PERFIL DEL VENEZOLANO 2015

CAPÍTULO V 99

LA IMAGEN DE VENEZUELA

CAPÍTULO VI 111

MAPA DE PODER

CAPÍTULO VII 125

CONCEPTOS BÁSICOS

CAPÍTULO VIII 175

¿QUÉ HACER?

CAPÍTULO I

EL VENEZOLANO QUE FUIMOS (1982 / 2015)

Los venezolanos, no somos ni mejores, ni peores; que la gente que integra otros pueblos del mundo, aunque si tenemos algunas diferencias en muchos puntos de vista, que son producto de nuestra historia como sociedad. Por más de treinta años (desde 1982) hemos observado y estudiado el quiénes somos, queriendo en esta ocasión plantear una síntesis para enfrentar lo que consideramos el inicio de una nueva etapa o fase en nuestra historia. No queremos hacer un libro académico, sino uno que nos sirva de explicación sencilla a lo que somos de acuerdo a lo que hemos encontrado y a lo que hemos sido para quizás arriesgarnos a expresar lo que podemos llegar a ser.

Vamos a realizar un repaso rápido de lo que encontramos en estas tres décadas para poder explicarnos la importancia del nuevo venezolano que emergió, luego de la muerte del ex presidente Hugo Rafael Chávez Frías, y se profundizó entre los terribles años del 2014 y del 2015.

Hacemos este repaso valiéndonos de nuestra metodología de imagen y poder que surgió a comienzos de los años 80.

IMAGEN FÍSICA DE LUCHADOR SACRIFICADO A REVOLUCIONARIO ANÁRQUICO

El venezolano, visto como el habitante que vive en este territorio, es evaluado siempre con elementos que se repiten en la descripción que surge como respuesta a la pregunta: ***"Si usted tiene que representar a un habitante de Venezuela, ¿Cómo lo describiría?"***

Generalmente, más del 93% de las respuestas hablan de un hombre con la siguiente descripción:

De aproximadamente 40 años de edad, entre 1,68 cm., y 1,71 cm., de estatura; fornido, con un peso entre los 80 y 85 kilogramos; de piel morena (en los últimos años dejó de ser un moreno intermedio para llegar a ser un moreno más oscuro), con extremidades más fuertes. Cuando se describe el rostro lo hacen como un ovalado, de ojos y cabellos oscuros, al cual un 40% le colocan bigotes a un rostro que se describe como "aindiado". Un alto porcentaje que se puede promediar en un 45%, le colocan bigotes.

Cuando se analizan los códigos comunicacionales de este hombre, se encuentran los siguientes datos que hemos promediado, pero que, de manera general, persisten en el tiempo desde la década de los años ochenta.

Es una persona que se viste en forma descuidada, de manera siempre casual para estar cómodo ante las inclemencias del cálido clima y que luego del año 1995 se asocia con el uso de ropa muy deportiva; como lo son: los pantalones cortos "shores" y franelillas, sin grandes ni lujosos accesorios.

Desde 1997, una muestra importante le coloca tatuajes en toda la superficie corporal. Por lo general lo describen con un corte de cabello, muy corto. Su caminar es rápido, su voz de alto volumen y con fallas de dicción y el uso muy frecuente de muletillas como "guevón" y "pana", utiliza la cercanía corporal como muestra de aceptación, rechazo de la otra parte y con mirada localizada en los labios de la otra persona que aunque pareciera ser muy sexual, probablemente es para ayudarse a entender lo que dice la otra parte.

Con éstas descripciones, la evaluación de la llamada imagen primaria o de primer impacto es la de una persona con el llamado "Modelo Social" o de alta comunalidad y frecuencia que genera fácil identificación con las grandes mayorías, y que, como síntesis del discurso o resumen de códigos comunicacionales habla de uno de tipo "cohesivo" que, sin embargo, en los últimos años, ha incrementado su agresividad. Esto hace que en esta primera imagen, el venezolano, se ve a sí mismo como una persona que con un "Modelo Social"; el típico venezolano, se comporta con una intención comunicacional "cohesionadora" que en los últimos años ha girado más sobre la agresividad comunicacional, cambiando el valor de una imagen luchadora (que vence obstáculos) al de una "Imagen Revolucionaria" (que implementa cambios) con los riegos de enviar mensajes de "sacrificio" en la primera, y de "anárquico" en la segunda.

El habitante de Venezuela, en nuestros resultados, hasta el año del 2014 se mostraba como una persona con un modelo social, de alta comunalidad y la utilización de unos códigos comunicacionales que se podían asociar con él, de la agresividad. Lo que genera, como lo dijimos, una Imagen Revolucionaria que, para una parte importante de la muestra (alrededor del 70%), al ser exagerada, se mostraba con su mala posibilidad, la de la personalidad "anárquica".

Imagen Psicológica El Seductor Marginal

A pesar de lo complejo que resulta analizar los 26 elementos con los que investigamos la imagen y el poder psicológico de una determinada personalidad, como es en este caso, el venezolano, a lo largo de muchos años –desde los inicios- -el venezolano mostraba un mensaje de su psicología muy constante, increíblemente permanente, que se puede resumir tanto en sus grandes fortalezas como en sus debilidades y que comienza a mostrar cambios importantes en las investigaciones del 2012.

Las tres grandes fortalezas psicológicas son: el atractivo (capacidad para llamar la atención positiva en los demás), el liderazgo (capacidad para influir de manera determinante en los pensamientos, emociones y conductas de los otros)y el placer (capacidad para lograr un disfrute y goce con vivencias, recuerdos y fantasías) generaban la presencia de una personalidad bienvenida, deseada y carismática; pero que, deja entrar en el 2013 al año 2014 la adaptabilidad (lograr buen equilibrio en situaciones novedosas) y a la inteligencia (solucionar problemas nuevos).

A este perfil en positivo, los rasgos negativos más importantes y sorprendentemente permanentes fueron reportados como la baja responsabilidad (asumir las consecuencias de los propios actos), la perseverancia (mantener un objetivo a lograr a pesar de los obstáculos) y, en especial, una severa baja memoria (capacidad para recordar con certeza y nitidez los eventos del pasado) que cuando se unen como tríada nos hablan de una completa "marginalidad" ante la propia vida y la propia sociedad. No pudiendo acceder a los beneficios que le dan sus propias posibilidades.

En resumen, el venezolano, en esta valoración psicológica aparecía como el seductor marginal, el cautivador de instantes que no podía manejar en forma adecuada su presente y su futuro por el gran peso de la desmemoria, la irresponsabilidad y la inconstancia.

En esto, el venezolano del 2016, de acuerdo a los resultados nuevos, tiene cambios significativos en la percepción de su propia psicología que de ser comprendida y manejada puede transformar su futuro.

Imagen Emocional Llegada al Dolor Psicológico

Con una buena y clara intensidad emocional, el habitante que se describía en Venezuela, tiene un perfil antes del siglo XXI y uno después que, a nuestro juicio, representan uno de los cambios fundamentales en nuestra sociedad.

Antes del año 2000, el habitante descrito como resultado en nuestras investigaciones vivía a predominio permanente de la alegría, tanto que, las otras tres emociones de nuestro esquema (ira, tristeza y miedo) casi no aparecían reportadas. La alegría, patológica a nuestro juicio, se daba como un proceso en el cual, el placer (goce de sentidos, recuerdos y fantasías) y la dicha o contentura (demostración externa de la alegría) estaban en valores muy altos y que se daban a pesar de la muy poca felicidad, la cual se conceptúa con la demostración de una alegría de momento.

Cuando por dos hechos importantes como lo son la llamada "Tragedia de Vargas" (que afectó severamente a muchas regiones del país) en diciembre de 1999 y las primeras acciones de Hugo Rafael Chávez Frías, en contra de algunos sectores del país en el 2000, van apareciendo las otras tres emociones en nuestras investigaciones de la vida emocional del venezolano hasta el punto que durante gran parte de los años 0 del primer siglo, se puede dividir a la población venezolana en tres grandes grupos de acuerdo a las emociones que transmiten. Ya que son el grupo de la justicia/venganza que con alegría e ira, muestran la agresividad de su poder; el grupo de la tristeza/miedo que, al sentirse desplazados y atacados comienzan a estructurar la desesperanza / fortalecimiento que corresponde a lo social y a los políticamente desplazados. Finalmente, el tercer grupo que se mueve entre la tristeza y la ira, que pudieran estar traducidos e identificados como "ni,ni"; una expresión de suicidio colectivo al evaluar tan solo debilidades en sus realidades y a la evasión consiguiente.

Esta presencia emocional, dió pie, para que luego del 2013, tras la muerte de Hugo Rafael Chávez Frías, gran parte de la población venezolana se describiera, sobre todo, en una parte negativa de una emoción triple que, con olvido de la alegría, se fueron expresando cada vez con mayor fuerza. Lo negativo de la ira (desmotivación y destrucción), tristeza (depresión) y paralización; un paisaje emocional que también genera un gran cambio a finales del 2015.

La expresión más clara de una emoción de ira, tristeza y miedo en negativo, es la del "dolor" psicológico que puede; de acuerdo al manejo que se le dé, constituirse en un tormento que inutiliza a quienes lo padecen o, por el contrario convertirse en elemento de obtención y desarrollo de fortaleza, de resiliencia.

Imagen Moral e Imagen Ética, Multimorales y Confusos Éticamente

De acuerdo a los parámetros que utilizamos en nuestra metódica para evaluar los valores en una personalidad, este venezolano, habitante de nuestra tierra, se evalúa desde comienzos de esta investigación como una persona multimoral que, incluso, puede cambiar de esquemas morales que calificamos como de la esperanza, del placer, de la racionalidad o de la comunicación (de acuerdo a una clasificación inspirada en la filósofa española Adela Cortina) en períodos con moralidad de la esperanza con Rafael Caldera y Luis Herrera Campíns, y la del placer con Carlos Andrés Pérez y Jaime Lusinchi así como la de la racionalista con Hugo Rafael Chávez Frías.

En cuanto a la ética, que relacionamos con la posibilidad de una mejor convivencia y que abordamos inspirados en también el filósofo español: Jesús Aranguren. Los venezolanos, resultábamos con un poco, casi nula, clarificación ética siendo realistas (el "vale todo"), egoístas o aislacionistas; la tragedia o el drama.

Este resumen de valoración moral y ética, de acuerdo con estos esquemas, nos hacen ver que el venezolano siempre ha estado más vinculado con los valores que le permitan ejercer o negociar con el poder, no dándose en forma clara una moral dialógica o de la comunicación que permita una mejor convivencia a través de la ética, que hasta el año 2015 se mostraba totalmente confusa en los resultados que obteníamos con las investigaciones al respecto.

Quizás por esta característica de multimorales, con poca claridad ética ha sido todo un proceso, en el cual la democracia ha peligrado en forma importante durante estos dos últimos ciclos que parecieran estar siendo superados al entrar en uno nuevo.

Imagen Ideológica un Socialdemócrata que se Vuelve Marxista Liviano

Si entendemos que la ideología es el paradigma con el cual se puede plantear tanto la presencia como la metódica para obtener la mejor sociedad posible, hemos observado desde finales de los años ochenta del siglo XX que ella tiene tres posicionamientos claves para denominarse como tal. Y que son ante el cambio: la convivencia y el comportamiento ante los valores políticos que tratamos de diferenciar de los valores morales y éticos.

De acuerdo a esto, podemos plantear una investigación que revele por sus simples resultados, la ideología que tiene una determinada personalidad, individual o grupal y que valoramos en simples escalas del 0 al 10; nombrando los extremos como revolución o conservadurismo (ante el cambio), individualismo o colectivismo (ante la convivencia) y, finalmente como pragmatismo o dogmatismo (ante el comportamiento político), quedando los puntos medios de cada escala con los nombres de renovador, conviviente (demócrata) y práctico o eficiente.

De acuerdo a lo descrito, un extremo estará dado por una ideología revolucionaria, individualista y pragmática que se puede asociar con la anarquía política, mientras que en el otro extremo, es decir; conservador, colectivista y dogmático podría representarse con el confucianismo. Estos resultados, van a generar doce (12) escuelas políticas que, serán trece cuando individualizamos el posicionamiento del renovador, democracia (conviviente) y eficacia (capacidad para resolver problemas)

En los resultados que hemos obtenido desde que desarrollamos la metódica en el comienzo de los años noventa, hemos encontrado una constancia en el posicionamiento ideológico del venezolano que, con pequeñas diferencias en algunos momentos muy específicos, se describe como fundamentalmente renovador ante los cambios (en escala que van desde el 3.7 en los momentos más importantes como el quinquenio 1998 / 2002 hasta el 6.8), grupales que pertenecen a sectores que le empoderan como un partido (6.5 como promedio) y, finalmente más pragmático que dogmático en sus procederes políticos y que está de acuerdo con su multimoralidad y su confusión ideológica.

Este posicionamiento, cuando vamos a las posibilidades de tipo ideológica se coloca al venezolano, durante todo el tiempo como un renovador ante los cambios que busca fortaleza y poder en los grupos como partidos políticos y que actúa en forma pragmática ante sus diferentes posibilidades. Esto hace que durante todo este tiempo, el venezolano sea visto como un social demócrata que puede oscilar entre un marxismo no comunista (revolucionario, colectivista, pragmático) y un fascista ligero (conservador, colectivista, pragmático). De esta manera hace pensar, que el venezolano puede ser evaluado como un miembro de Acción Democrática, que cuando se vuelve revolucionario puede convertirse en chavista.

Imagen de Rol nos Enseñaron a Sentir Odio, a Ser Adversarios y hasta Enemigos

Las relaciones humanas nos colocan en la posibilidad de ser cohabitante de una nación o de una sociedad, de ser un conocido, cuyo rostro e identidad algunas veces conocemos y de las relaciones más profundas de amante, amor, amigo, aliado o hermano y de sus visiones negativas que separan a los cohabitantes y conocidos de acuerdo a elementos distintivos (política, raza, clase social, etc.) Hasta quienes se vuelven "odiantes" (contrario a los amantes que nos dan placeres), indiferentes (contrario a los amores que nos comprometen), enemigos (contrarios a los amigos que respetamos y confiamos) y los aliados (que nos reportan ganancias), haciendo constancia que no hemos encontrado a la palabra que nombre como antónimo claro a las condición de hermano.

Con el marco teórico de este Mapa de Relaciones Humanas, hemos evaluado desde la década de los noventa, el tipo de relaciones que pensamos y tenemos los venezolanos como habitantes, sin tomar en cuenta, claro está; los roles que tenemos en nuestras relaciones privadas e íntimas.

Antes del chavismo y sus consecuencias, los venezolanos nos comportamos como habitantes de un país que tenían muchos puntos en común, pero que fuimos separados hasta el punto de llegar a ser "odiantes" (rechazo a la presencia por displacer), adversarios y hasta enemigos, sin que se mostrara la posibilidad del anti amor que es el rol de indiferencia.

Esto plantea un punto muy interesante, que es el rol de relación que busca el venezolano en sus diferentes liderazgos y el que, muestran los líderes en su relación con los liderados.

Desde el año 2015, en nuestras investigaciones, el venezolano desea encontrarse en un mismo país como "hermanos" que da la posibilidad a diferencia de los otros roles, a cambiar de calidad y cantidad de contactos y relaciones, de acuerdo a las situaciones que se vivan pero siempre manteniendo la importancia de tener un punto común de origen y de encuentro en un país llamado Venezuela.

Mapa de Poder del Venezolano Despilfarrar para Evadir

Dentro de los diferentes elementos que enriquecen a varias de estas imágenes que generan poderes diferentes, está uno que hemos desarrollado desde comienzos de la década de los años noventa y cuyos resultados nos han llamado mucho la atención por la inmovilidad de resultados que hemos obtenido desde comienzos de los años noventa, hasta mediados de la década de los años diez en el siglo XXI y que llamamos "Mapas de Poder" y cuyo análisis hacemos por los cambios que nos parecen estar señalando en nuestra visión de nosotros mismos como venezolanos.

El marco teórico nos señala que hay cinco grandes poderes que nos da la Teoría de Misión y que son: el Poder del Amor, del Placer, del Luchar, del Saber y del

Tener. Cada uno de estos poderes, tienen a su vez, tres acciones, que hacen que se tenga claridad de cómo se llevan a cabo, de cuáles son sus dificultades y de cómo, cuando los relacionamos, podemos sacar las diferentes rutas que hace cada personalidad, haciendo énfasis en la ruta que establecen las dos o tres de las acciones más valoradas y que van a generar la llamada Ruta Positiva de la personalidad, analizada así, como la que une a las dos o tres acciones más negativas que, al unirse y tomar nombre, señalan los peligros de la personalidad más evidentes para terminar en la llamada "Zona de Conflicto". Pero al unir los calificativos más certeros de ambas rutas, la positiva y la negativa, que van a ofrecer, casi siempre en forma muy directa y clara, sobre cuál es el conflicto que, a manera de "voto" hizo la persona en el pasado y que, por no tenerse a nivel consciente, siempre puede hacer sabotaje de los procesos de crecimiento y desarrollo, de evolución de esta personalidad.

Desde que investigamos los elementos de este Mapa de Poder, el venezolano, ha mostrado que las dos de las quince acciones contempladas más importantes han sido el disfrute (una de las tres acciones del Poder del Placer) y el consumo (una de las tres acciones del Poder del Tener) estando la llamada Ruta Positiva del Poder del venezolano en el "disfrutar para poder consumir" (no lo contrario, no es el consumir para disfrutar) que genera el "Despilfarro" (DRAE).

La ruta negativa, por el contrario, relaciona clara y permanentemente las dos acciones más bajas que son la baja inversión (realizar actividades económicas para el más rápido y seguro crecimiento de la riqueza y que, claro está; es una de las acciones del Poder del Tener) que lleva a una muy baja sistematización que siendo uno de los tres verbos del Poder del Saber, organiza los diferentes conocimientos para generar teoría que ayuden a comprender y actuar efectivamente en la realidad y sus problemas. Cuando una baja inversión lleva a una baja sistematización, esta ruta claramente nos indica de la evasión que hace el venezolano, de acuerdo a esta visión repetida por casi veinte años, alguien que no quiere conocer la realidad, que la evade, para no tener que actuar, es decir; que la ruta negativa del venezolano está en la evasión de la realidad a través del desconocimiento.

Si, de acuerdo a este Mapa y Rutas del Poder, el venezolano tiene una Ruta Positiva hacia el despilfarro y la Ruta Negativa está en la evasión de la realidad, el producto de la confluencia en su Zona de Conflicto está en la realización continua de un proceso evasivo de la realidad para poder despilfarrar la riqueza que se tiene.

El voto que hemos hecho los venezolanos es, simple y trágicamente, el de evadir la realidad lo que muy probablemente tiene una muy lógica explicación en nuestro déficit en el poder del amor, el cual practicamos tan solo a través de la acción del acercarse, que en ausencia de la aceptación y del mejoramiento del otro (que son los dos verbos restantes del Poder del Amor) luce como un amor espontáneo, sin compromiso ni grandes beneficios que, en lo social luce como el gran impedimento para darle sustento a una gran capital social.

El Mapa de Poder nos señala que nosotros, como sociedad, despilfarramos nuestras grandes riquezas para poder huir del autoconocimiento, del mismo que nos diga la verdad que como amores somos muy deficitarios.

Otras Imágenes y Poderes

Aparte de todas estas imágenes, hemos desarrollado en la metódica la investigación de otras imágenes que proporcionan poderes muy específicos y que son:

Imagen de Capital.
Imagen de Casting (verdad, premio y vida)
Imagen Humana (dignidad, orgullo y honor)
Imagen del Ser (sustantivo, adjetivo, verbo y predicado)
Imagen Conceptual y Comunicacional.

Un breve resumen de los resultados de estas imágenes que, probablemente tomen mucha importancia en los actuales momentos de Venezuela nos habla de:

Imagen de Capital Omnipresencia del Poder Político

El venezolano depende del poder político que, a década y media del proceso liderado por Hugo Rafael Chávez Frías, destrozó el poder económico para hacer depender a los grandes sectores nacionales de su poder político sectario y excluyente.

Cuando analizamos cada uno de los elementos con que valoramos la presencia y la calidad del capital político, a través de estos últimos años, específicamente desde el 2007, fecha en que aparecieron los "estudiantes" a raíz del cierre de

Radio Caracas TV. El chavismo poseía la autoridad, la coacción, la influencia y la información para dominar casi por completo el ya muy afectado capital económico y tener bajo su creciente poder al capital social. Lo único que dañaba a este poder político gubernamental, estaba en la autoridad por la evidente falta de idoneidad y eficacia para resolver problemas, en especial de servicios públicos.

Con la aparición de los estudiantes que representan el poder social, se comienza a deteriorar el capital político del chavismo sin que esto represente poder creciente para la oposición política, ni recuperación para el capital económico que se agrava con la ineficiencia para resolver problemas y por la corrupción creciente de un pequeño sector. Esto quizás, hace, que en el 2007, el gobierno con Hugo Rafael Chávez Frías a la cabeza, pierda por un pequeño margen, el Referéndum Constitucional.

La presencia de la enfermedad y muerte de Hugo Rafael Chávez Frías, la unificación funcional de una Mesa de la Unidad, las elecciones del candidato de oposición, la elección de un candidato impuesto por el líder fallecido y el grave deterioro nacional, llevan a que el 6 de diciembre de 2015, en unas elecciones parlamentarias, se evidencie lo que no había podido hacer la oposición desde hacía muchos años.

Imagen de Casting dos Tipos de Diablos

Se vive, desde el comienzo del chavismo, un proceso de cuestionamiento de verdad, estableciéndose una dinámica social de antagonismo de verdades que supera a la búsqueda de la justicia.

Los premios se le dan a los sectores e individuos que han transgredido el sistema con sus acciones, y se rompe el sistema meritocrático que se había logrado imponer, poco a poco, en el sector gubernamental. El símbolo de esto, como lo es PDVSA, es el escenario ideal para representar su agonía y muerte.

El valor a la vida, se cuestiona con eventos que durante todo el tiempo se pueden sintetizar en la dura frase que llega hasta las instancias militares de Socialismo, Patria y Muerte. La muerte toma otra connotación ante las emblemáticas de Brito, y la creciente criminalidad en el país, en dónde se cuentan más muertes que en muchas guerras civiles.

El mensaje de esta imagen de casting, hace que los protagonistas para una y otra parte del país, sean evaluados como portadores de la mentira, del castigo y de la muerte que van volviendo, cada vez con mayor impacto, la imagen de Venezuela como un territorio poblado por diablos o portadores del mal que termina, siempre, por agravar los problemas sociales y económicos.

Así como para un miembro de la oposición, gran parte de los chavistas representan diablos con engaño, castigo y muerte, también para los chavistas, los de la oposición "disociada" también representan lo mismo.

A nivel internacional, justo en noviembre de 2015, la detención de los dos familiares cercanos de la primera combatiente, Cilia Flores, es un duro golpe a la imagen de Casting del gobierno del Presidente Nicolás Maduro Moros, por lo que representa el narcotráfico como muestra del daño humano que ocasionan, y al poder corrupto.

Avergonzado y no Humillado (Resultados 2014/2015); Dependiendo del Punto de Vista de Cada Quien.

La Humillación por Sobre la Vergüenza y el Honor

Esta imagen sencilla, que se constituye con tres elementos que se intentan diferenciar muy bien a pesar de la interpretación conjunta que hacen las grandes mayorías, muestran el nivel de evolución humana de una determinada persona que, en este caso, el venezolano desempoderado social y económicamente y que ha sido "dignificado" en los años anteriores, comienza a sufrir del desabastecimiento y de las enormes filas para conseguir los elementos fundamentales de alimentación y salud, comienza a sentir las humillaciones de quienes, por el contrario, gozan de un gran poder político y social. La humillación puede explicar gran parte del comportamiento electoral del 6 Diciembre del 2015.

El orgullo de ser venezolano, explotado en especial por el sector chavista con el concepto de "Patria", comienza a sentirse también mucho más vulnerable luego que por los procesos de daños económicos y sociales, el gobierno cubano comienza a tener negociaciones exitosas con los Estados Unidos. Este es un factor emocional a tomar en cuenta en los grupos que apoyando al gobierno han visto como un régimen altamente compenetrado con la Venezuela chavista, se siente desconcertada y hasta traicionada con este comportamiento. Por otra parte, la oposición sin tener evidentes comunicaciones del concepto de orgullo patrio, comienza a ser oído con un mensaje integrado que se reafirma con los exiliados venezolanos que a través de las redes, hacen evidente su presencia y sus deseos de volver al país que tuvieron que dejar por diferentes razones, mostrándose lejanos a mostrarse avergonzados por la nacionalidad que tienen y los inconvenientes que surgen al serlo fuera de las fronteras nacionales.

El honor, con toda la complejidad de lo que conlleva en una sociedad multicultural como la venezolana, y siendo entendida como el cumplimiento de unas normas que muestren el gran respeto por ser, estar, permanecer y hacer de una determinada cultura o área, es la gran olvidada en todas las comunicaciones y discursos tanto políticos, como económicos y sociales, haciendo que este elemento de tanta importancia en esta imagen y el poder que genera, no lo muestren como valor ni el gobierno ni la oposición.

La humillación, ha sido una presencia constante en las actitudes del gobierno frente a quienes se les oponen así como también desde ella se trata de humillar a quienes siguen siendo chavistas. Hay personas humilladas durante este proceso en cantidad e intensidad que no se conocían en la Venezuela democrática desde el año 1958.

La vergüenza, ha sido quizás menos utilizada por ambos sectores políticos con la posibilidad que muchas de las personas, de un lado y otro, hayan aprendido a no avergonzarse a pesar de los ataques que reciben por ser y pertenecer a algunas identidades. Esto señala en forma indirecta que se tiene una mejor defensa emocional ante la vergüenza, que racional para enfrentar la humillación.

El deshonor no altera como elemento de importancia en la realidad social venezolana desde hace muchos años, quedando tan solo, probablemente en algunas áreas o subculturas muy determinadas y por aspectos muy específicos.

Alguien que haga demostraciones de sus acciones de corrupción, puede convocar a la más diversa cantidad de personajes e instituciones.

La humillación de carecer del bienestar mínimo indispensable para cumplir con lo mínimo que a que tiene derecho una persona a estas alturas del siglo XXI, ha sido un elemento importante para el venezolano durante estos últimos meses. No pareciera ser el caso de la vergüenza por ser, estar, hacer y pertenecer a instituciones o grupos. El honor no es un elemento a tomar en cuenta en forma importante en el tiempo actual.

Imagen del Ser (Lenguaje) Resistir para Superar

Esta es el mensaje, que se establece a través del uso de la personalidad como sustantivo al cual se le busca un adjetivo que lo cualifique y una acción que lo caracterice. Finalmente, a manera de legitimación, se trata de buscar el para qué existe, vive o conciencia esta personalidad.

Los resultados, desde el 2010, fecha en la que introdujimos su estudio se muestra con resultados confusos que todavía puede ser que no sepamos investigar en forma correcta y efectiva o, a que no hemos llegado a un nivel en el cual el ser, pueda ser sintetizado en una frase que lo comunique.

De todas maneras en el año 2014, aparece el esbozo de una imagen del ser venezolano a través del siguiente juego de elementos:

Venezolano

Adjetivos: Desmemoriado
Intranquilo
Inteligente
Baja memoria + baja tranquilidad Angustia
Baja memoria + alta inteligencia
Sobrevivencia
Baja tranquilidad + alta inteligencia Búsqueda

Alguien que es calificado así está presionado.

Verbos: Aguantar
Luchar
Sobrevivir

Aguantar + luchar Resistir
Aguantar + sobrevivir Resistir
Luchar + sobrevivir Resistir

Alguien que ejecuta estas acciones está resistiendo

El venezolano, es una persona que está resistiendobajo presión:

¿Para qué vive? Superar la adversidad.

(Legitimación)

La imagen del ser del habitante de Venezuela en el 2014, fue el de quien ***"está resistiendo la presión para superar la adversidad".***

Imagen Conceptual y Comunicacional
El Chavista Pierde Símbolo y El Opositor no Tiene Ninguno

El concepto representa una unidad de pensamiento, y como tal, puede ser representado a través de un signo, de un símbolo de ambas. Cuando existe una realidad conceptual y más allá de lo que los publicistas llaman Imagen Conceptual, para nosotros, la tenencia de un nombre y de un símbolo, generan una fuerza de comunicación que, incluso, puede transmitir información con solo ponerse en contacto con ella.

Aunque desde hace poco tiempo, hemos comenzado a investigar la imagen conceptual del habitante de Venezuela, en los años anteriores encontramos la siguiente realidad. Para un sector los signos de estos tiempos de este habitante se fundamentan en la palabra "Chávez" y "Revolución" que entran en pleno descenso durante el año 2014, momento en el cual también pareciera perder el color rojo como símbolo fundamental. Para el sector opositor, sin embargo, no existe una palabra más allá de "oposición" que logre comunicar claramente el mensaje de quienes no estaban de acuerdo con la revolución chavista, lo que lleva a reflexionar sobre la gran falla de este sector de no poder nombrar con un signo contundente o con un símbolo claro (la gorra tricolor que usó Henrique Capriles Radonski, en las elecciones del 2013) se convirtió en un objeto, símbolo que fue neutralizado por su uso por quienes apoyaban la candidatura de Nicolás Maduro Moros.

La incapacidad para "nombrar" al venezolano con un calificativo integrador o un símbolo que la transmita de una forma clara.

El Poder como Consecuencia de este Proceso

El año 2014, con todo lo que significó desde sus comienzos en enero con el asesinato criminal de Mónica Spears, Miss Venezuela 2004 y famosa actriz que para muchos llegó a ser la imagen de la mujer con que se representa a Venezuela desde que iniciamos estos estudios hasta los eventos que luego comenzaron el 12 de febrero y que terminó con la detención del líder Leopoldo López. Una cantidad importante de víctimas que, agotó realmente a los venezolanos frente a la violencia política y criminal del país.

Este año deja como producto, un habitante que con los diferentes mensajes de imagen que han ido transformándose, llegan al habitante de Venezuela que encontramos en noviembre del 2015 que muestra cambios importantes.

Un venezolano cuyas características de imagen física han permanecido con el mismo mensaje general, de lo que llamamos Imagen con modelo social, de alta comunalidad pero con un discurso que cambia del discurso cohesionador que le daba una Imagen Luchadora, centro del Poder pero cuyo mal mensaje estará en la Imagen Sacrificada, centro del poder pero que se transformó en una Imagen Revolucionaria, cuya mala imagen es la de una personalidad anárquica y que, puede interpretarse como una traducción del empoderamiento de una personalidad agresiva y que puede llegar, fácilmente a la mala imagen que genera el mensaje de Imagen Anárquica. Es un mensaje que ubica a la propia percepción en las llamadas imágenes de Poder Primario que tienen gran poder pero que, al mismo tiempo, con los excesos y efectos que pueden causar, pasan fácilmente a pagar altos costos por ello.

Psicológicamente el venezolano, ha oscilado entre el estar en el llamado "círculo de subdesarrollo" en los roles específicos que van desde el vengador o de victimario, habiendo llegado hasta niveles de egoísta egocéntrico en el año 1992 y en el año 2014. Esto puede interpretarse como una personalidad que no ha llegado a niveles de independencia o de interdependencia, que aseguraría un mayor nivel de desarrollo. En este mensaje de ser una personalidad que se observaba como un carismático seductor, irresponsable y desmemoriado a presentar algunos cambios importantes desde el año 2013 para generar otro mensaje psicológico en la investigación del año 2015.

Este venezolano, ha cambiado en la parte emocional con una evolución que va desde la personalidad alegre, con la celebración del placer y la dicha, hasta una división emocional en tres grupos y que en la actualidad se presenta con cambios importantes. Un venezolano alegre y superficial, que le añade un crecimiento emocional que puede ser el comienzo de una madurez emocional que ayude a mejorar nuestra mentalidad.

En cuanto a lo moral y ético, se deja un habitante descrito con grandes cambios morales y sin claridad ética que funciona bajo dinámicas de poder y que aún muestra confusión en cuanto a los parámetros de convivencia.

La imagen ideológica, nos lleva a un venezolano con un posicionamiento cercano a la social democracia, puede ser guiado a mostrarse como renovador ante los cambios, demócrata en la convivencia y eficiente práctico en el ejercicio de la práctica política, lo que le pondría en un posicionamiento de centro.

En cuanto a los roles en sus relaciones, las descripciones que hemos obtenido nos hablan de relaciones superficiales, de conocido o "pana" que comprometen la formación, crecimiento y desarrollo del capital social. La sensación general es la de una mayor desconfianza en el otro venezolano en el cual la mayor parte de las veces, ve a alguien peligroso. Los altos niveles de criminalidad actúan en este sentido.

El capital político, pese al desprestigio que a finales del siglo XX hizo que surgiera la Revolución, obtuvo cada vez mayor influencia y poder en el habitante de Venezuela, llegando en los últimos años a mediar casi todas las actividades de su vida; esto sucedió en detrimento del capital económico, generando un debilitamiento del capital social, en especial por la poca confianza del venezolano en el otro venezolano y en la creciente ineficacia institucional. En este punto pareciera sustentarse uno de los hechos más significativos de las elecciones del 6 de Diciembre.

La visión especial que han tenido cada uno de los dos grupos políticos y sociales, oficialistas o revolucionarios y opositores como seres humanos que se valen de la mentira, el castigo y la muerte para crear, mantener y sostener su poder, ha generado la figura del contrario como un "diablo" que trae las amenazas más terribles tanto al país como a la sociedad y a uno mismo. Esta demonización también impide, aparte del bienestar, el establecimiento de un mínimo capital social.

El venezolano a lo largo de estas evaluaciones, desde hace algunos años, cuando comenzamos estas exploraciones, ha visto al otro como alguien que es capaz de "humillar" que en nuestra metódica significa quitar la dignidad del otro, lo cual se afianza todos los días hasta en los saludos en los que los calificativos de "guevón" y "marico" ya están buscando disminuir el poder del otro; aunque sea familia o amigo, desde el comienzo del encuentro. Por otra parte, el hacer avergonzar a los demás por pertenecer a otros grupos, gustos o elecciones solo pareciera tener importancia en cuanto a lo político. El problema del "honor", por el contrario, no pareciera ser importante ya que, quizás, en el fondo de cada quien, existe una consciencia que habla de alguien; uno mismo, que delinque o tiene fallas a las reglas y leyes, tratando con esto de no juzgarse a uno mismo.

En el poder que arroja la imagen del ser quizás se encuentra uno de los puntos clave de este análisis ya que, con el proceso revolucionario que se inició como práctica en 1999, se produjo la narrativa de un claro y contundente empoderamiento de una clase a la que la democracia que se hizo hasta esos momentos había olvidado, al menos desde el punto de vista económico, social y hasta político y que, se transformó en la gran cantidad de personas que al sentirse con poder transmitido desde las más altas realidades de poder político, sostuvieron durante algún tiempo a este poder desde el punto de vista electoral pero que, en vista a su ineficacia gubernamental y la baja de presupuesto, aparte de ya sentirse poderosos, comienzan a tomar otras decisiones.

En cuanto al proceso conceptual, nos habla de un habitante descrito como alguien que pasó de una democracia injusta y corrupta hasta un proceso revolucionario que terminó siendo mucho más corrupto e ineficiente, lo que ha sumido al país en una situación socio económica grave y que no puede esconderse y, que pueden llevarlo tanto a una crisis de gobernabilidad como a una situación de emergencia humanitaria.

El problema comienza por la ausencia de nombre claro y contundente para calificar tanto con lenguaje verbal o palabras como con símbolo, la dinámica social actual, de la cual, el 6 de Diciembre pareciera marcar el final de una etapa y el comienzo de otra que, al no poder ser nombrada con un nombre específico que sustituya al de la "revolución" tendrá un mayor costo en cuanto a su adecuado manejo.

CAPÍTULO II

FASES HISTÓRICAS DE VENEZUELA SIGLOS XX Y XXI

Nota; se puede realizar este análisis con la herramienta teórica de la mayoría/minoría y de la inclusión/exclusión.

La aseveración del comienzo de un fin de ciclo y de comienzo de otro puede parecer un poco arriesgado porque al revisar la historia siempre, cuando se busca, se encuentran elementos que pueden ser enfatizados como muy importantes con un buen razonamiento y aquí, en este capítulo corremos este riesgo, pidiendo con gran humildad que todos aquellos estudiosos de la historia venezolana puedan hacer críticas y aportes a esto que nosotros llamamos las fases de vicisitud cuando analizamos lo que realmente se presenta como algo desconocido tratando de buscar un "orden sucesivo o alternativo de algo" y cuyo conocimiento tan solo lo puede dar la revisión de la historia.

1903 -1917

En este sentido, si tomamos como punto de partida el comienzo del siglo XX, observamos que en 1903 se dan dos sucesos históricos que al suceder al mismo tiempo generan un impacto importante en la sociedad venezolana y que son la llamada "Revolución Liberadora" y el bloqueo naval en los puertos venezolanos como efecto del impago de las deudas contraídas por la nación.

Es una etapa de gran lucha por el poder político en la que hay guerras civiles, traiciones e implantación de un largo proceso dictatorial con importantes consecuencias históricas.

Política Lucha de Poder

Economía Rural

Sociedad Muchos Pobres y Pocos Ricos

1917 -1931

Este período implica además de la dura dictadura de Juan Vicente Gómez con todas las realidades sociales que mostraba está, la aparición de la industria petrolera como tal, que va a marcar en forma definitiva toda la dinámica política y social, aparte, claro está, de la económica. Basta con reflexionar un poco de cómo hubiese sido nuestra historia; si, el petróleo y su riqueza aparece en una democracia y no en un régimen dictatorial.

De país agrario a país minero, el paso de una economía a otra, con el comienzo de las migraciones internas en busca de trabajo y bienestar, al mismo tiempo que un dictador omnipotente percibía el país, ahora más unificado, como de su propiedad.

En 1931, se promulga una nueva Constitución que fundamentalmente hace que:

Política...Dictadura

Economía...Rural a Minera

Sociedad...Reprimida

1931 – 1945

Con la muerte de Juan Vicente Gómez, que ocurre en diciembre del año 1935, se concluye una fase en la que Dictadura y Petróleo van a conformar una realidad de enorme poder, que, al quedar acéfalo, genera gobiernos como los de Eleazar López Contreras y Isaías Medina en los que el resumen puede ser el de unos ensayos democráticos que quizás lucían como resultado de los efectos de la generación de 1928, de dónde surgirán, con el paso del tiempo, los principales protagonistas del país democrático más estable. Es la esperanza luego de la dictadura en un país que comienza a ser importante como productor de petróleo y de las riquezas fáciles que hace que se vaya sustituyendo la mente de un país rural, de cultivos a un país con mentalidad minera, es decir, de la fácil riqueza que no requiere de tantos esfuerzos ni de tanta espera.

El resumen de este período está marcado por la presencia y la sabiduría de dos hombres, militares ambos, que comprenden su momento histórico, y que, en forma muy inteligente, le dan paso a la civilización.

PolíticaLiberación de dictadura. Dos figuras militares que comprenden la civilización.

Economía...Consolidación de la economía minera.

Sociedad...Despertar al siglo XX mundial.

1945 – 1959

Con el golpe de 1945, el país entrará en un período que culminando en 1958, muestra la lucha entre la democracia contra los regímenes dictatoriales en su expresión más cruda. Suceden figuras como Rómulo Gallegos, Rómulo Betancourt, Delgado Chalbaud, Jóvito Villalba y Marco Pérez Jiménez; creando toda una narrativa épica que aún es recordada por los hijos y nietos de quienes vivieron esta etapa histórica que tiene como punto fundamental la lucha de la democracia contra la dictadura que termina en enero de 1958 con el derrocamiento y huida de Marco Pérez Jiménez, que incluso, luego intentara asumir el poder perdido por la vía democrática.

Política...Represión de la democracia; dura dictadura.

Económica...Gran crecimiento y desarrollo económico social.

1959 -1973

Como consecuencia del derrocamiento del dictador Pérez Jiménez y del Pacto de Punto Fijo, ambos ocurridos en los extremos del 1958, aparece el esquema democrático como el implantado luego de un breve período en la que una figura como la del militar Wolfgang Larrazábal, con gran carisma, implanta un plan de emergencia para satisfacer las necesidades de una parte de la población que había quedado rezagada en el crecimiento y desarrollo económico de la dictadura que con grandes entradas petroleras y una visión de grandes obras públicas; había impactado en un país que todavía se consideraba con estructuras rurales. Venezuela se convertía en el país que gestionado políticamente por la social democracia y enfrentando una dura lucha contra la izquierda y sus guerrillas generaban grandes angustias. El partido COPEI, socialcristiano, sucede a dos gobiernos social demócratas, lo que se considera como una muestra de madurez democrática.

PolíticaSucesión de gobiernos adecos o social demócratas con uno socialcristiano.

Economía Reestructuración económica.

Social Pacificación del país.

1973 - 1987

Con el triunfo de una personalidad tan carismática como la de Carlos Andrés Pérez tras una presidencia como la pacificadora de Rafael Caldera, que se presenta con un dramático aumento de los precios petroleros, aparece en escena, la gran Venezuela, que disfruta de una gran riqueza y que comienza a tener desvaríos importantes en su economía. Se realiza la nacionalización de la industria petrolera y en 1978 el país elige a otro socialcristiano, Luis Herrera Campíns, que tiene que sufrir las consecuencias del llamado "viernes negro" que traduce una grave crisis económica luego de la borrachera petrolera de los años anteriores. Nuevo cambio de partido en el gobierno y llega a la presidencia Jaime Lusinchi, con unos escándalos de vida privada e íntima que hacen que un personaje como Blanca Ibañez, su secretaria privada, sea percibida como la que manda en el país.

Política...Comienza la insatisfacción con el sistema ...democrático que sus líderes no saben leer.

Economía...De la bonanza y despilfarro a la crisis del "vienes negro".

Sociedad…Insatisfacción económica trae como consecuencia los primeros descontentos con la democracia política.

1987 - 2001

Con el incremento del descontento económico, el sistema democrático comienza a ser severamente cuestionado. El país elige en 1988 por segunda vez a Carlos Andrés Pérez que comienza a realizar unas reformas económicas importantes que le hacen ser visto como un hombre neoliberal lo que hace que sea presa fácil para ataques. El país político comienza a organizar la descentralización política para satisfacer las crecientes inquietudes y el país tiene elección directa y democrática de los diferentes gobernadores. En 1992, un teniente coronel da un golpe de estado fallido pero con una aparición televisiva y una frase corta, "Por Ahora" se vuelve el símbolo creciente de una actitud en la que la democracia política, es cuestionada severamente por la corrupción que presenta y sus consecuencias económicas; reaparece el ex presidente Rafael Caldera que, lidera un movimiento en la que se unen todos los sectores políticos descontentos en un pacto multipartidista y gana las elecciones en 1993.

PolíticaDescentralización política / fallidos golpes de estado en 1998.

Aparición y ascenso de Hugo Rafael Chávez Frías.

Economía…Crisis bancaria.

Sociedad…Insatisfacción con la democracia.

2001 – 2015

En 1998 y con un discurso de revolución, surge como presidente de Venezuela, el teniente coronel que dió un fallido golpe de estado en 1992 y que luego de estar preso y exaltado por los medios, conquista al país, presentándose como un hombre de izquierda. Grandes temores en parte de población por las vinculaciones con Fidel Castro y por el tono del discurso verbal. Se produce una constituyente que sustituye a la Constitución de 1961 con cambios importantes. Comienza un proceso de personas y grupos que no están de acuerdo con esto, mientras el comandante Chávez va generando acciones que desconciertan a muchos, pero que, finalmente, empodera, al menos mentalmente a una gran cantidad de venezolanos, mayoría, que al sentir esto, están dispuestos a dar hasta la vida por su líder carismático y que pareciera estar haciendo justicia, a veces tan severa que pareciera venganza. Un paro general a finales del 2001, coloca al país en una grave situación que, sin embargo es aprovechada por el líder revolucionario para ir tomando cada vez, acciones más duras como expropiaciones. Goza de un gran apoyo popular por parte de quienes sienten que se está haciendo justicia. Varias elecciones hasta que en diciembre del 2007 hay un referéndum para modificar la Constitución Bolivariana de 1999, con la clara pero que, hace que profundice acciones que son consideradas antidemocráticas. Se genera un creciente daño humano con detenidos y presos políticos que de manera muy dura, el chavismo califica como "políticos presos". A mediados del 2011, Chávez anuncia que está gravemente enfermo, comenzando una agonía que culmina oficialmente en marzo del 2013, con su muerte en La Habana, habiendo nombrado como sucesor a Nicolás Maduro Moros, quien compite en las elecciones frente a Henrique Capriles Radonski, candidato unitario de la oposición quien pierde por una pequeña diferencia.

La situación del país se agrava en lo económico y social con creciente desabastecimiento de alimentos, medicinas y productos importantes para el desenvolvimiento normal con la paralización y destrucción de muchas empresas y se convocan a las elecciones de la Asamblea Nacional que, por estrategia de la oposición se cedió por completo en 200_ y que logró una minoría en las de 201.

PolíticaCentralización del poder. Imposición de un sistema socialista.

Económica...Caída económica y empresarial.

Social...Población mentalmente empoderada que ahora se siente insatisfecha.

2015 - 2018

Al evaluar este proceso histórico, se puede observar que, probablemente las elecciones de la Asamblea Nacional celebradas el 6 de diciembre de 2015, pueden significar el término de una fase que comenzó con la victoria de Hugo Chávez en las elecciones de 1998 y que ha logrado como objetivo fundamental el empoderamiento mental (psicológico y emocional) de una gran mayoría del país que estuvo relegada y sin capacidad de ser escuchada, que sentía resentimiento frente a la desigualdad tanto de derechos como de oportunidades de crecimiento y desarrollo y que, quizás venían de otros países a través de la gran corriente migratoria que llegó al país en las épocas de bonanza y esperanza socioeconómica y que, realmente solo lograron frustraciones.

Este empoderamiento mental, hecho en psicología y emociones por el liderazgo carismático de Hugo Chávez, ha sido quizás el proceso que necesitaba la democracia venezolana para seguir adelante puesto que, con una parte importante de la población, marginada ante las posibilidades reales de crecimiento y desarrollo que tenía otra parte de la población, no se podía completar el proceso democrático genuino.

Cuando evaluamos, con esta visión la historia del país, podemos notar que la explicación tiende a completar la búsqueda, consciente e inconsciente, de una igualdad que realmente permita la consolidación de la democracia en su mejor expresión, en la que todos debemos estar incluidos estructuralmente en su realidad pero también estar integrados funcionalmente y, finalmente, conectados funcionalmente en una red.

Si estamos en capacidad de poder responder en forma honesta y sincera el para qué hemos caminado esta historia y cumplido estas fases, podemos entender que la sociedad venezolana como un ente que está vivo y que tiene consciencia, busca las mejores salidas y que, de esta manera, lejos de ser una pobre sociedad, sin rumbo, busca con cada uno de los ciclos o fases que completa su propio mejoramiento constante en la que etapas que parecen una pérdida de tiempo y de esfuerzos, se pueden transformar en la presencia de elementos necesarios para llenar vacíos y mejorar fallas.

Los mil días del cambio a un nuevo ciclo que culmina el de la Revolución del Socialismo del Siglo XXI que tuvo como objetivo fundamental empoderar mentalmente a los venezolanos que se mantuvieron desempoderados en el proceso democrático desde los años 1958 al 1998.

CAPÍTULO III
DIAGNÓSTICO VENEZOLANO 2015

Este habitante del país llamado Venezuela, genera una realidad con su presencia que incluye todos los elementos que van desde la satisfacción de sus necesidades hasta la concepción como Estado, Patria, País, Nación o República de dónde está y vive y que; por lo tanto, puede ser revisado con un esquema básico de salud, entendida esta como el estado de bienestar físico, psicoemocional (mental) y sociocultural de quienes conforman esta sociedad. Con esta idea, nos propusimos a buscar su situación más descarnada y realista para intentar realizar un diagnóstico que sirviera para comunicar su estado, el de conjunto de habitantes de Venezuela y poder actuar en forma terapéutica para quienes tengan el poder de actuar, lo hagan de la mejor manera posible.

A partir de un esquema en el cual se comienza con la aplicación del concepto del Amor y terminar con el del Tiempo, se localizaron los elementos que nos sirven para diagnosticar los grandes problemas de Venezuela en los que participa el ser, el estar y el hacer de todos los venezolanos conscientes de su presencia como habitante de este territorio en este compartir de tiempo.

Los diez elementos revisados y que pueden verse como una gran red, en la que cada uno de ellos está íntima e importantemente relacionado con todos los demás son Amor (compromiso asumido en forma consciente, voluntaria y revisable), Valores (elementos que le dan significado a la propia vida, siendo elementos de guía, recibidos como legado), Conocimiento (percibir el objeto o la realidad como distinto a todo lo que no es), Emoción (respuesta psicofisiológica ante un determinado estímulo o realidad), Conducta (conjunto de acciones con las que se responde a una determinada realidad y que traduce básicamente el Poder), Capital Social (riqueza que surge como producto de las interacciones entre individuos), Mensajes (información que se transmite de una realidad a otra), Liderazgo (capacidad para influir de manera determinante en los valores, pensamientos, emociones y acciones de otros), Democracia (capacidad para convivir de la mejor forma posible a pesar de las diferencias con la clara presencia de un bien común, superior y trascendente) y Tiempo (medida creada por el ser humano para poder valorar la presencia e importancia de los cambios)

Tras una investigación en los primeros meses del año 2015, se llegaron a las siguientes conclusiones que nos hablan de las percepciones que nuestro grupo, tiene de cada uno de estos elementos; en el habitante que describen en nuestras encuestas y que, claro está, son cuestionables por el hecho mismo de ser percepciones.

Amor, Ausencia de Compromiso

En las investigaciones sobre el amor, del que se muestra a través de tres acciones concretas que son el del acercamiento a lo amado, de la aceptación plena de sus características y de las acciones de mejoramiento que se hagan y que están incluidos en nuestro Mapa de Poder. La forma de amar que muestra el venezolano está fundamentada básicamente en el acercamiento al otro, descuidando o no dándole importancia a su plena aceptación y a su mejoramiento. En nuestra técnica, en consecuencia, es un amor simple (a predominio de un solo verbo) y que se busca entonces en forma importante para poder sentir que se ama y que se es amado.

Eso nos hace concluir, que nuestro amor es frágil y que, por lo tanto, el establecimiento de los compromisos conscientes, voluntarios y revisables, tan solo se ejercen cuando se entiende que el amor se parece a las alianzas y que se ama tan solo a quienes nos aman; haciéndolo parecer como una negociación fundamentada en un acuerdo de amar siempre y cuando se sea amado.

Si tenemos dificultades para aceptar realmente a cómo es el otro y a mejorarlo, nuestros amores o a lo que llamamos como tal, es una actividad superficial y que tan solo se lleva cuando genera placer o determinados beneficios.

Esto nos hace pensar, incluso en la presencia y la calidad de amor que profesamos hacia una gran cantidad de elementos que comienza con el auto amor y que luego al extenderse a familia, pareja, relaciones, comunidad, sociedad; llega hasta empresas e instituciones.

Aquí es importante revisar, incluso el concepto de "humanidad", sobre el cual hemos elaborado un fácil cuestionario que sirva para evaluar el nivel de "humanidad" que tenga cualquier persona, individual o colectiva que, claramente comienza con uno mismo.

¿Se puede desarrollar una relación con amores a un solo verbo? ¿Qué tenemos que hacer para poder tener cerca a individuos e instituciones para sentir que amamos y somos amados?

Para que también usted haga su propio diagnóstico del venezolano con independencia al nuestro, en una escala que va del "0" al "10" recordando siempre que está evaluando al habitante que vive en esta tierra.

Valor Moral para Luchar Contra la Corrupción

Aquí es importante acotar que para nuestro conceptual, los valores son todo lo que, de manera racional, le da una significación importante a una existencia, vida o consciencia; y a que, por ello, hay valores positivos y negativos. De la misma forma, para que algo sea un valor importante debe tener tan solo una palabra que lo explique bien, debe ser guía o paradigma, deben ser producto de un legado de más de dos generaciones y debe, finalmente, lograr que quien los posea los defienda hasta con la propia vida.

La crisis de valores es muy importante en el país desde hace muchas décadas, lo cual lo apreciamos de manera evidente en las investigaciones de imagen moral y de imagen ética que como expresamos en el capítulo I, nos ha mostrado un venezolano que practica una multimoralidad entre las cuatro opciones que colocamos (moral de la esperanza, del placer, de la razón o del diálogo) y que también nos muestra una gran confusión ética con respecto a las cuatro posibilidades que le colocamos (realista, aislacionista o egoísta, trágica y dramática).

Esto hace que, de acuerdo con el esquema de comprensión, investigación e interpretación de valores, en la que contraponemos a las leyes naturales, crueles, azarosas e injustas que dice que solo el fuerte sobrevive a los principios o valores universales que tienen como objetivo el sentido de una mejor trascendencia para la naturaleza, y que contempla a nuestro juicio valores tan importantes como la justicia, dignidad, libertad e incluso la vida misma. Entre estos dos extremos de supervivencia y trascendencia aparecen, más cercanos a la naturaleza, los valores morales que aparecen como claras normativas de poder que se tienen que cumplir para lograrlo, mantenerlo, incrementarlo, recuperarlo y optimizarlo, mientras los valores éticos van buscando la mejor convivencia en sociedades multiculturales permitan el desarrollo común.

En nuestra tesis al respecto, en Venezuela, la sociedad democrática anterior al año 1999, en búsqueda de los valores éticos sintió que estos se resquebrajaban por la creciente corrupción buscando, en consecuencia, regresar a la moralidad que con su poder le pusiese freno. La sociedad venezolana lo hizo dándole el poder a Hugo Rafael Chávez Frías quien, no pudo neutralizarla; generando al cabo de unos años una gran decepción en grandes sectores que le apoyaron y, en otros, la vuelta a las leyes naturales que se observan traducidas en la crueldad y dureza con que actúa el poder y con la creciente criminalidad que se acompaña de una evidente impunidad. Una estricta moralidad, por otra parte, se ha aplicado a quienes se oponen a su presencia.

Esta realidad de valores en la que solo muy pocos practican los Principios más elaborados, una parte busca que se mantengan los valores éticos, el gran peligro podría ser, una lucha entre la moralidad que ha sido base de seguridad para el poder y las leyes naturales que se pueden imponer con la gravísima situación económica y social, con el desabastecimiento de artículos de primera necesidad y con la violencia creciente.

Si hay predominancia de estricta reglamentación del ejercicio del poder a través de la implantación de una estricta moralidad y de un regreso a las leyes naturales, el venezolano se encuentra en muy grave peligro por el pragmatismo que conlleva y que podemos conceptuar como la ejecución de cualquier acción, que vaya contra la ética y los principios a fin de obtener el objetivo propuesto.

Gráfico de la Evolución Leyes Naturales a Principios Universales.

La ausencia de amor que calificamos como ausencia de compromisos con la ausencia de principios universales y de valores éticos genera una realidad peligrosa que debe ser enfrentada cuanto antes.

Hacer un gráfico de esta explicación.

También le pedimos que usted; califique la presencia efectiva de valores en el venezolano, en una escala que va desde el "0" hasta el "10"

Conocimiento, Entendimiento y Comprensión
No Tener Información Básica

En la búsqueda para encontrar unas buena herramientas para poder conocer, describir, entender y saber sobre el aspecto del conocimiento del venezolano intentamos hacerlo diferenciando lo que es conocimiento, de lo que es entendimiento que, pareciera estar en que mientras el conocimiento es percibir el objeto o la realidad como distinto a todo lo que no sea el objeto o la realidad y también; "averiguar por el ejercicio de las facultades intelectuales, la naturaleza, cualidades y relaciones de las cosas" (DRAE), el entender es el "discurrir (inventar o idear algo), inferir y deducir" lo que puede llevar a que conozcamos algo sin llegar a entenderlo o, incluso, a que entendamos algo sin llegar a conocerlo.

Bajo conocimiento + baja entendimiento = no saber

Bajo conocimiento + alto entendimiento = entender

Alto conocimiento + bajo entendimiento = conocer

Bajo conocimiento + alto entendimiento = comprender

Este ejercicio de comparación semántica, nos lleva a poder concluir que en nuestras investigaciones, el venezolano es de muy fácil entendimiento (discurre, infiere y deduce) pero con un conocimiento que cada vez se hace más difícil por la ausencia de investigaciones y estadísticas confiables. Podemos entender muchas cosas sin llegar a conocerlas, y por lo tanto, a no comprender en el sentido de la palabra en "DRAE" que es "abrazar, ceñir o rodear por todas partes algo".

Este conocer sin entender, lleva a que realmente estemos proclives a tener delirios individuales, entendiendo por delirio la "confusión mental caracterizada por alucinaciones, reiteración de pensamientos absurdos e incoherencia" (DRAE) que hace que gente muy inteligente sea más creativa sin ceñirse a los conocimientos objetivos de la realidad. Además, con la presencia de estos delirios o visiones particulares de las realidades y situaciones, se hace muy difícil comunicar a menos que, no sea con el paradigma creativo en el cual todas estas interpretaciones de discurrir, inferir y deducir resultan muy válidas como acercamientos subjetivos de la realidad.

La carencia de data confiable, en casi todas las áreas importantes de la sociedad venezolana agrava la capacidad de conocimiento, haciendo casi imposible la obtención y el cultivo de una verdadera comprensión de nuestras realidades y, en consecuencia, de poder abordarlas en la forma más conveniente posible.

También le pedimos que usted haga una valoración de cuál es el nivel racional del venezolano entendido como la capacidad que tenga para comprender lo que realmente sucede en el entorno, tratando de valorar en la forma más objetiva posible, tanto su nivel de conocimiento de la realidad como su nivel de entendimiento.

Emociones Profundas Cambios Emocionales

Las emociones que definimos, como respuestas psicofisiológicas ante los más diversos estímulos tanto externos como internos, constituyen algo tan importante que es uno de los mensajes básicos de la personalidad humana y que, investigamos de manera importante a través de una metódica sencilla en la que comparamos al sistema límbico como un excelente detector FODA (fortalezas, oportunidades, debilidades y amenazas) que genera las cuatro emociones básicas que son alegría (fortalezas propias y oportunidades en el ambiente), ira (debilidades propias con oportunidades ambientales), tristeza (debilidades propias con amenazas externas) y miedo (fortalezas propias que se sienten insuficientes para neutralizar y enfrentar las amenazas)

En la metódica, cada una de estas cuatro emociones que descomponen en tres elementos distintos que muchas personas pueden confundir, y que generan relaciones muy interesantes como matices de ella y que al unirse con las otras dan pie, para la presencia de otras muchas emociones. De acuerdo al nivel y a la puntuación que le den a la presencia de cada una de ellas, se puede hablar de una emoción bien conocida y asumida o, por el contrario, mal manejada.

Estos son los elementos de cada una de las cuatro emociones básicas:

> Alegría: placer, dicha y felicidad.
> Ira: crecimiento, desarrollo y prosperidad.
> Tristeza: mismidad, otredad y consciencia.
> Miedo: libertad, autonomía y seguridad.

Los resultados de nuestras investigaciones de muchos años, señalan un venezolano alegre que con altos niveles de placer y dicha, que luego de 1999 comienza a dividirse en tres polos emocionales que ubicaron por muchos años al chavismo con alegría e ira (justicia o venganza), a la oposición con miedo y tristeza (desesperación y fortalecimiento) y a los no comprometidos con tristeza e ira (inutilidad).

Desde hace algún tiempo, tras la enfermedad y muerte de Hugo Rafael Chávez Frías, la sociedad queda en su mayoría sumida en la parte negativa de las tres emociones: ira, miedo y tristeza que en negativo representa el dolor psicológico y en positivo, la resiliencia.

Con ello, probablemente hemos evaluado algunos tipos de reacción que pueden hablar de unas defensas que hablan de un enfriamiento psicopático o un adiestramiento en autocontrol, con generación de respuestas convenientes de acuerdo a las situaciones que vive y que han sido producto de toda la serie de eventos dramáticos y trágicos que ha vivido tan intensamente.

En esta parte emocional, los nuevos resultados del 2015, hablan de un cambio emocional acorde con su nueva psicología.

También, en este punto nos gustaría que usted; evalúe las emociones del venezolano para compararlo con nuestro resultado.

Poder Fundamentado en la Fuerza

La acción dentro de la conformación de una actitud completa la parte de valores que la guían, del conocimiento que la hace racional y de las emociones que genera la realidad; de esta forma las acciones van a evidenciar la respuesta visible de la actitud a través de la conducta, de lo que se hace o se deja de hacer. La conducta como respuesta traduce la real capacidad de una determinada personalidad para mostrar la reacción producida que, básicamente, puede ser espontánea y auténtica o trabajada a través del llamado autocontrol a través de sus mecanismos de simulación, disimulación, exageración, minimización o de transformación consciente en la conducta contraria. La conducta genera la demostración de poder.

La demostración de conducta de poder en el venezolano, resulta de una difícil medición a menos que no se evidencie con las quince acciones concretas del llamado Mapa de Poder que registra las tres conductas básicas con la que se muestra y demuestra cada uno de los cinco grandes poderes reconocidos como amor, placer, luchar, saber y tener; y que estudiaremos profundamente en un próximo capítulo, tal es su importancia para conocer, entender y comprender cómo se percibe y cómo actúa el venezolano descrito en todas y cada una de las muestras a lo largo de los años.

Sin embargo, aquí nos hemos dado cuenta, a lo largo de todos esos resultados hacen concluir, relacionando todos los hallazgos anteriores que el venezolano de los últimos años ante la situación de su amor, valores, racionalidad y emociones con lo que sugiere la dificultad para hacer compromisos, para guiarse por valores éticos y principios, sus delirios al interpretar una realidad sin verdadero conocimiento de la situación y ante una mezcla de emociones intensas, lo más probable es que su poder se evidencie tan solo a través de las conductas de fuerza que pueda dar, tanto en la parte defensiva como en la ofensiva. Quien no tiene fuerza para actuar y vencer, lo más probable es que carezca de poder o, al menos, no puede demostrar su poder en base al amor, valores, conocimientos y emociones.

De esta forma, la fuerza, entendida como la capacidad que tiene una persona o realidad para mover, transformar, resistir o impactar algo que, por lo tanto, solo ejerce un gran poder quien posee la fuerza como amenaza o como realidad ejercida sobre alguien. Cada vez, parecía darse el mensaje que quien en Venezuela no tuviese la fuerza, en muchos casos bruta, no podía demostrar poder.

Pedimos, nuevamente, que usted valore el poder del venezolano en cuanto se fundamenta en sus valores, conocimientos, emociones o conducta. Si es un poder con gran ascendente ético y de principios, de grandes conocimientos, de emociones equilibradas y positivas y de conductas en la que la fuerza proviene de una gran fortaleza dada, por los elementos anteriores.

Capital Social
Desconfiar del Otro

Este concepto, desde que lo conocemos siempre nos ha llamado la atención puesto que, traduce las capacidades de productividad y riqueza que se generan de la simple convivencia e interacción entre los seres humanos y de los diferentes grupos e instituciones que ha creado. Desde que Putnam describió a mediados del siglo XX, los elementos que a su juicio lo conformaban, la claridad de tener en ellos unos elementos de riqueza social se hacen evidentes. Estos tres elementos son: el compartir valores, la confianza en el otro y la presencia y eficacia institucional para resolver problemas fundamentales.

El venezolano que parecía haber trabajado en esto hasta comienzos de los años noventa, ha perdido a nuestro juicio lo que llegó a tener de capital social a través del daño o la ausencia de cada uno de estos tres elementos. Expliquemos:
El venezolano en lo que hemos investigado, no tiene en la actualidad valores compartidos y que fue por dónde comenzamos este análisis de las carencias o incompetencias del venezolano. Los valores, con todos sus requisitos, no son compartidos por las grandes mayorías. En una investigación que hicimos en 2007, encontramos que lo más parecido a los tres valores compartidos, son tres conceptos importantes que a nuestro parecer no pueden ser catalogados como valores los cuales son: la inclusión, la integración y la conexión; que nos indica que al venezolano le molesta la exclusión de grupos e instituciones, el que no se le integre funcionalmente aunque esté incluido y a que no se le tenga conectado. Puede ser que detrás de cada uno de estos conceptos se encuentre un valor que tiene que ser reconocido y nombrado, individualizado y trabajado para tener el primer elemento de capital social. A nuestra opinión, esto lo logró el chavismo dentro de sus grupos llegando a constituirse en un nexo de "familiaridad" importante, y que dió la impresión de haber partido al país en dos grandes pedazos al excluir, no integrar y desconectar a la otra parte de la sociedad.

En cuanto a la presencia de confianza en el otro, esta se ha dificultado en su crecimiento y aún en su presencia por los elementos de alta violencia que hace desconfiar permanentemente del otro venezolano y que pareciera profundizarse por la alta impunidad e incluso de la exaltación como héroes o modelos de quienes transgreden las normas jurídicas y sociales. La tenencia de fe en el venezolano no logra hacer superar la desconfianza que se ha generado.

Por último, la presencia y la eficiencia de las instituciones, especialmente de las públicas y gubernamentales nos hablan de graves problemas de idoneidad en el cumplimiento de sus funciones, tanto que para muchos se trata de una estrategia para romper con la estructura profunda y la funcionalidad básica de la sociedad lo que, ayudaría, a formular e imponer otra.

Un país sin capital social es realmente un país incapacitado para generar convivencia y productividad.

Al evaluar usted, el nivel de capital social del venezolano que tiene en su mente, como está en cuanto a estos tres importantes elementos que son: repetimos; valores compartidos con el resto de habitantes, la confianza bien fundamentada en hechos ante los otros venezolanos y, finalmente, en la presencia y eficiencia de las diferentes instituciones.

Mensajes

Ofensa y Defensa

Si entendemos como mensaje, la información que una determinada realidad le envía a otra o a sí misma o en forma más compleja el conjunto de signos, símbolos y señales que comunican una información a un receptor que los conoce; entiende y comprende, interpretándolo, entendemos la gran dificultad que existe tanto en la formulación, envío y recepción de la gran cantidad de mensajes en el mundo actual.

El venezolano como formulador, transmisor y receptor de mensajes ha presentado cambios que vienen de la presencia creciente de unos mensajes claramente ideológicos que interpretan toda las realidades bajo ese punto de vista, con una presencia y frecuencia muy evidente e intensa y que ha hecho que quienes, no están de acuerdo con esta visión de la realidad, se encarguen más de tratar de neutralizarlos que de estructurar mensajes novedosos que ayuden al crecimiento y desarrollo de individuos y comunidades.

Todo esto, se agrava con la descripción de todos y cada uno de los puntos que hemos descrito hasta ahora, haciendo muy difícil que se generen mensajes claros y contundentes sobre la realidad nacional y de sus posibles salidas.

La revolución ha tenido un lenguaje políticamente incorrecto, llamando la atención en todo el mundo que, en buena parte, se regocijaba de la sinceridad de estos mensajes; cada vez lo hacía con un lenguaje más directo, obsceno y que devaluaba al otro en lo posible para quitarle poder. La oposición, que tiene cada vez menos oportunidad de transmitir sus mensajes, tienen que mostrarse defensivos.

El venezolano descrito ante esta realidad ofensiva y defensiva, comunicacionalmente hablando, no escucha mensajes estructurados y que, además, pueda interpretar como objetivos que le den verdadera información; educación, formación y entretenimiento sin que medie un interés en una lucha de poder, en la que una parte busca una hegemonía comunicacional con el control de los mensajes.

Al valorar usted, la realidad de los mensajes que recibe el venezolano puede concluir sobre la calidad, objetividad y eficacia de los que recibe en la actualidad.

Liderazgo

¿Vacío?

Con la concepción que nos dice que el liderazgo es la capacidad que tiene una personalidad individual o colectiva para influir de manera importante en los valores, pensamientos, emociones y conducta de los demás, evaluamos la presencia de liderazgos muy específicos en cada una de estos elementos observando que hay líderes de valores; de comprensión, de emociones y de conducta que, en cualquier mezcla de ellos, va generando los más diversos tipos de liderazgo que vemos, recibimos y somos en las más diversas áreas de acción humana.

A través de estos años, al evaluar lo que somos los venezolanos, encontramos que los diferentes líderes de valores, individuales o grupales, han ido perdiendo impacto y que quizás solo las iglesias pueden sostener este punto y una que otra figura que en el chavismo, sostenían los valores del socialismo intentando ejercer un liderazgo fundamentado en una nueva moral en la que, incluso, no vestirse de rojo era una falta y que en la llamada oposición, intentaban darle nueva vida a lo ético como parámetro fundamental de la convivencia; y que sentían que con la implantación de una nueva moral por parte de la revolución se estaba logrando una involución.

El liderazgo racional, es decir; la intelectualidad del país, ha tenido en esta evaluación de años la presencia de grandes intelectuales que tomando como ejemplo la figura de Arturo Uslar Pietri, eran voces de guía pero que, con el paso del tiempo han hecho que figuras intelectuales hayan sido importantes a lo largo de estos años pero sin la contundencia de unos mensajes que puedan ser oídos con respeto por las partes en la que estaban divididas la población. Quienes eran respetados por unos, eran ignorados e incluso burlados por los contrarios. Este liderazgo ha generado un gran vacío en los últimos años por muchos factores siendo el más importante, de acuerdo a nuestra opinión, la falta de datos públicos y oficiales sobre los cuales sostener el conocimiento y la subsecuente comprensión. Mucho de los pensamientos quedan en interpretaciones del buen entender en base a deducciones e inferencias.

El liderazgo emocional, que podemos asociar con el llamado liderazgo carismático, tan importante para el venezolano tradicional de las últimas décadas, tuvo quizás una última expresión en Hugo Rafael Chávez Frías, cuya muerte; ha planteado un grave vacío en el liderazgo que puede, con tan solo la presencia de emociones, lograr movilizar a grandes cantidades de personas hasta convertirlas en masa o herramientas a su disposición.

El liderazgo conductual, que ya hemos dicho es el que domina al país desde la muerte de Hugo Rafael Chávez Frías, con todas las consecuencias que trae tanto a nivel nacional como en la imagen internacional, ha hecho pensar que solo quien tenga la fuerza en la actualidad es quien logra imponer su voluntad.

¿Es verdad la crisis de liderazgo que algunos estudiosos hablan? ¿Es que está surgiendo un liderazgo diferente al que ejerce una persona con ciertos atributos emocionales? ¿Puede haber un buen liderazgo que no tenga mensajes y, por lo tanto, el venezolano está buscando un líder emocional?

Al valorar usted el tipo de líderes, de su tipo de acuerdo con esta visión, podrá corroborar o disentir del encuentro de la ausencia de líderes individuales importantes en los últimos años, tratando de clasificar el tipo de liderazgo que ejercen figuras como: Nicolás Maduro Moros y Diosdado Cabello, en el sector oficialista o de Leopoldo López y Henrique Capriles Radonski; en el sector opositor.

Este punto, tiene tal importancia que le hemos dedicado un capítulo completo a su revisión, puesto que su reconocimiento puede ser el que nos de la clara clave para comprender y manejar adecuadamente la etapa en la que estamos entrando como sociedad.

Democracia
Crisis para Crecer

La forma de gobierno en la que el poder político es ejercido por los ciudadanos es la definición que nos da RAE sobre la democracia y que, sin embargo, para nuestra visión, va más allá de lo político y de lo económico para transformarse en una forma de convivencia, de vida individual y colectiva. La democracia es más que un sistema político.

El venezolano, más allá de sus acciones se considera un demócrata y, por lo tanto, esta palabra sigue siendo una de las básicas para cualquier discurso tanto político como social y económico. El ensayo de la democracia ha sido contraponiéndose a los regímenes dictatoriales e incluso totalitarios, de dónde ha surgido siempre fortalecida.

Desde que analizamos al venezolano, desde la década de los años ochenta del siglo XX, al evaluar la democracia como una forma de vida y no como un sistema político, el venezolano la ha asociado con los aspectos económicos, asociando toda crisis económica como crisis de la democracia, generando la oportunidad para cuestionarla cuando las cosas no van bien en la economía y que, claramente fue una de las causas del ascenso del chavismo desde 1992, cuando su figura aparece en la opinión pública hasta diciembre de 1998 cuando es elegido presidente lo que sucede, en forma importante; legitimándole un poder para que arregle tanto en justicia como en corrección, la corrupción.

Cuando posteriormente, la corrupción se agrava hasta niveles mucho más escandalosos que el sistema propio, el venezolano tiene ante sí unas opciones que van desde la sumisión a un régimen que le ha empoderado mentalmente pero que no la ha resuelto su bienestar económico, habiéndolo agravado en forma increíble hasta colocarlo en un estado que está o se percibe muy cercano a la emergencia humanitaria.

El venezolano, pese a todos los obstáculos sociales y económicos generados por la política, en estos últimos años, no ha desistido del método democrático para resolver su situación. Si la democracia continúa en las situaciones adversas el mensaje puede ser el más importante, que tan solo, han sabido leer algunos líderes a pesar de los reclamos de algunos sectores más radicales.

La presencia y el mejoramiento del sistema democrático es el punto clave que nos puede señalar el verdadero comienzo de la nueva fase de la cual estamos vislumbrando un comienzo, con las elecciones del 6 de Diciembre del 2015.

La percepción que usted tenga de la democracia en Venezuela es realmente importante porque con esto, trabajará en forma consciente o no para buscar su evolución y perfeccionamiento, tenga la ideología que tenga, a menos que no esté en las partes extremas que finalmente la niega como sistema de convivencia con los altos costos que hay que pagar para crearla, hacerla crecer y desarrollar, mantenerla, recuperarla, incrementarla y optimizarla.

Tiempo

No Hay Tiempo

Incluimos en este diagnóstico un concepto que, a nuestra comprensión, es uno de los tres básicos para el establecimiento, mantenimiento y perfeccionamiento de una vida consciente, individual o colectiva. Lo hacemos porque en nuestras investigaciones encontramos que una gran parte de nosotros, no tenemos un claro concepto de "tiempo" que nos guíe en forma adecuada ante su presencia y que, al no tenerlo, tampoco tenemos muy claros los conceptos de presente, pasado y futuro; lo que trae, a nuestro juicio, graves problemas que se pueden sintetizar en un dramático y hasta trágico "No tenemos tiempo", borrándonos gran parte del significado de la vida tanto individual como colectiva.

Cuando la gran parte de nosotros somos incapaces de tener un claro concepto del tiempo, lo más probable es que pensemos que el único tiempo importante es el presente y que este es tan solo lo que vivimos en el instante, en la hora o el día en que estamos. Al hacer esto, nos estamos quitando la posibilidad de tener y aprehender el tiempo puesto que para vivir intensamente el brevísimo presente que tenemos borramos pasado y futuro. Quizás esto viene de una mala interpretación de la visión espiritual del tiempo que hace que muchas religiones, nos hablan del "eterno presente" que a nuestro comprender, se diferencia del angustioso "siempre presente" con que mucha gente vive, generándose un estrés negativo permanente por no tener tiempo, el mismo que necesitamos para aprender a amar, a concienciar los valores que nos guían, a buscar la mejor comprensión de las cosas, a vivir emociones a pleno y a tener eficacia conductual; base para comenzar a tener un gran capital social con positivos mensajes que nos hagan líderes y liderados inteligentes que valoremos la democracia como el mejor esquema de convivencia y que finalmente nos permita seguir mucho presente con las mejores enseñanzas del pasado que a la vez permita, como lo explican las neurociencias, a poder hacer futuro.

Si el venezolano, de acuerdo a este concepto y descripción, no tiene tiempo, es difícil que logre establecer un esquema de vida que le permita contar con un presente permisible que, por ejemplo; con la duración de un año, le permita vivir y entre ello, para comenzar, a comprender el amor como compromiso.

La valoración que usted tenga del tiempo, es demasiado importante tanto para su vida y lo que de ella obtenga como para los demás que verán en usted o una persona angustiada que solo vive un presente que siempre se escapa al ser más rápido y poderoso o, por el contrario, una persona que al tener presente tiene tiempo para recordar y poseer aprendizaje de su propias experiencias, para saber y justificar por qué hoy se encuentra igual, peor o mejor que en el pasado, de hacer proyectos para el futuro propio o ajeno y, además poder guiarse desde el futuro con el perfeccionamiento que genera la búsqueda de la excelencia. Si usted, con un tiempo presente mínimo ha logrado parte de esto, imagine tan solo, lo que puede lograr expandiendo por voluntad propia su presente.

Aquí es importante revisar, incluso el concepto de "humanidad" sobre el cual hemos elaborado un fácil cuestionario que sirva para evaluar el nivel de "humanidad" que tenga cualquier persona, individual o colectiva y que, claro está, comienza con uno mismo.

CAPÍTULO IV
PERFIL DE VENEZOLANO 2015

Cada año a mitad y final de año, les pasamos la encuesta a veinticinco personas que, con profesiones con relaciones con el ser humano evaluado individual o colectivamente, responden nuestro instrumento de investigación de manera individual, en la que ninguno de ellos sabe quiénes son los otros para evitar las influencias. Este año 2015, a comienzos de noviembre, respondieron veintitrés de las veinticinco. Estos son los resultados.

Imagen General y Poder de Primer Impacto

El venezolano sigue siendo descrito mayoritariamente como un hombre, cercano a los cuarenta años de edad, con 1.73 centímetros de estatura y 82 kilogramos de peso. Color moreno oscuro, rostro ovalado, cabello y ojos negros. Contextura fornida, con extremidades fuertes, rostro aindiado, sin bigotes ni barba. Solo el 25% lo evalúa con prominente barriga que antes superaba el 50%.

Sus principales códigos comunicacionales son descritos casi de manera general con los siguientes datos:

Código Visual

Ropa de aspecto informal (mayor parte con franela y jeans), sin color predominante (antes era de color rojo) sin joyas, cabello muy corto; caminar de velocidad intermedia, pasos cortos. Mirada que va entre los ojos directo y a los labios del interlocutor.

Código Auditivo

Voz que se describe como intermedia entre los sonidos nasales y de garganta, con velocidad rápida, sin entonación característica; mala dicción con uso de palabras repetidas a manera de muletillas. Volumen más alto que lo normal; para un 30% pareciera hablar golpeado.

Código Táctil

Espacio territorial que varía de acuerdo a reconocimiento y afecto; da la mano en forma segura y rápida la cual aprieta en forma evidente. Saludos con un beso a la gran mayoría de las mujeres.

Código Olfativo

No se reconoce un olor específico. Solo menos del 20% habla que usa colonia sin especificar el tipo ni marca. No huele a sudor como en los últimos años.

Código Gustativo

No se reconoce un sabor específico. Solo cuando se especifican las posibilidades de olor, lo califican entre amargo y ácido un porcentaje superior, como mezcla, al 80%.

Es calificado como un hombre casado en un 75% y en concubinato en un 20%. La mayoría lo ubica con dos hijos, por lo general adolescentes. Llama la atención la casi nula respuesta a la de soltero, divorciado o viudo.

El nivel educacional lo ubican en estudios secundarios completos en alrededor del 60% y con universitario en un 20%.
La profesión no tiene una tendencia clara, llamando la atención que casi un 45% lo ubica como comerciante y un 15% técnico o profesional.

El nivel sociocultural lo ubican como clase media baja y clase popular (casi el 85%), mientras que de clase baja lo ubica más del 10%. La clase media alta y alta está tan solo en menos del 5%.

En cuanto a la religión que profesa casi el 70%, lo ven como católico o cristiano. El resto de las opciones posibles no se contestan. Es una de las preguntas que la mayoría de los consultados deja sin respuesta.

En cuanto a los deportes preferidos está el béisbol, el futbol y el básquet.

De acuerdo a la interpretación de estos resultados, de acuerdo a nuestra Teoría de Imagen y Poder la Personalidad se puede clasificar como modelo o estereotipo social (con grandes rasgos comunes) que tiene un discurso o conjunto de códigos comunicacionales) que tiende a estar entre el cohesionador (liderazgo) y el agresivo lo que abre las posibilidades de evaluarlo como una personalidad "luchadora" y "revolucionaria" que tienen como peligros de imagen el ser catalogados como "sacrificado" y "anárquico" pero manteniéndose ambas en las llamadas Imágenes de la cruz Primaria del Poder que conjuntamente con las Imágenes Carismática, Dirigente y Ductora" tienen un gran poder pero corriendo el riesgo de pagar alto precio por ello en el momento de dejar de tener poder.

Hay elementos importantes que pueden hacer pensar que esta imagen pueda irse, en mejores condiciones a tener una imagen social que con un discurso proyectivo, de gran triunfador, pueda llegar a ser la imagen "negociadora".

Imagen Psicológica

Cuando son evaluados los diferentes puntajes que le coloca nuestra muestra especializada, se obtienen los siguientes resultados que van a demostrar un nuevo venezolano en comparación los anteriores pero cuyas transformaciones se comenzaron a notar en forma importante en el 2014.

Promedio Psicológico5.19

De acuerdo a estos resultados se puede concluir que el venezolano se encuentra de acuerdo a nuestro esquema de valoración en el círculo del subdesarrollo pero como "victimario", es decir como quien logra su poder en la ausencia de poder de los otros. Esto representa un retroceso si se compara con los resultados del 2014, en el cual aparecía a nivel 6, que describe a quienes se muestran como egoístas / egocéntricos.

Inteligencia 6.8

Adaptabilidad 6.5

Autocontrol 6.4

Iniciativa 6.3

Iniciativa 6.2

Flexibilidad 6.0

Placer 6.0

Sentido Psicológico 6.0

Agresividad 5.9

Valentía 5.8

Estabilidad 5.5

Perseverancia 5.3

Sensibilidad 5.3

Psicología 5.27

Autoconfianza 5.2

Disciplina 5.2

Madurez 5.2

Decisión 5.2

Memoria 5.0

Autoestima 4.8

Atractivo 4.5

Responsabilidad 4.3

Liderazgo 4.2

Simpatía 4.2

Autonomía 4.0

Tolerancia 4.0

Tacto 3.4

Promedio Psicológico…5.27

Mapa Psicológico Positivo

Las tres grandes fortalezas, inteligencia (capacidad para resolver problemas), adaptabilidad (capacidad de lograr un buen equilibrio en situaciones novedosas) y autocontrol (capacidad para modificar las reacciones a voluntad).

Inteligencia + adaptabilidad = estrategia

Inteligencia + autocontrol = estrategia

Adaptabilidad + autocontrol = cautela

Este perfil habla de un habitante estratega cauteloso.

Mapa Psicológico Negativo

Las tres grandes debilidades son el bajo tacto social (incapacidad para no herir a los otros en su sensibilidad), baja tolerancia (incapacidad para compartir espacio y tiempo con quienes se encuentran diferencias) y baja autonomía (incapacidad para hacer lo que se requiere o desea sin supervisión, permiso, acompañamiento).

Bajo tacto social + baja tolerancia = defensividad

Bajo tacto social + baja autonomía = resentimiento

Baja tolerancia + baja autonomía = irritabilidad

Este perfil negativo es realmente una transformación de la idea de simpatía y amplitud del venezolano que nos aportaba un gran capital relacional y que ahora es alguien que es defensivo y rechaza.

Guión Operativo

Inteligencia + baja autonomía = herido

Inteligencia + bajo tacto social = hiriente

Inteligencia + baja tolerancia = hiriente

Adaptabilidad + baja autonomía = reprimido

Adaptabilidad + bajo tacto social = defensivo

Adaptabilidad + baja tolerancia = defensivo

Autocontrol + baja autonomía = reprimido

Autocontrol + bajo tacto social = hiriente

Autocontrol + baja tolerancia = reprimido

Defensivo / herido / hiriente / reprimido

Un venezolano que por herido está a la defensiva, reprimido e hiriente.

"Un venezolano que por las malas experiencias vividas es cauteloso en la observación, cuidadoso en su actuación e irónico cuando siente que están dadas las circunstancias".

Uno de los elementos más importantes de esta investigación es que por primera vez, desaparecen los tres elementos de baja perseverancia, baja responsabilidad y baja memoria como las tres grandes y constantes fallas que aparecían desde el comienzo y que ahora son sustituidos por baja tolerancia y bajo tacto social. Este venezolano con mayor memoria y menos autonomía es completamente diferente al que se evaluaba como un seductor placentero y carismático pero al mismo tiempo desmemoriado, irresponsable e inconstante.

El conflicto interno de este venezolano psicológico, cuya realidad se obtiene con los dos promedios extremos, tanto de fortalezas como de fallas nos coloca con un punto superior de 6.56, que lo coloca en la fase de egoísmo egocéntrico, en el cual se colocó el año 2014 y el punto inferior en 3.8, que está en la etapa de sobreviviente. Esto hace que al tener un adversario común, puede dar elementos para una convivencia que hay que saber manejar muy bien y que, trataremos en el capítulo de los líderes necesarios para estas realidades.

Este perfil se enriquece desde hace algunos años con los cuatro elementos psicológicos que tienen en su personalidad los grandes políticos y, en general, las personas que obtienen y gozan de gran poder son:

Concentración Centrar intensamente la atención en algo, manteniéndolo.
Criterio Juicio o discernimiento que surge de la percepción.
Templanza Moderación y sobriedad en el comportamiento.

Timing (sentido de oportunidad) Aprovechar la oportunidad en el momento más adecuados.

Los resultados de 2014 (primera vez que investigamos este punto) y 2015 nos muestran resultados significativos del empoderamiento en este último año.

Psicología del Poder	2014	2015
Concentración	4.3	5.5
Criterio	5.5	6.2
Templanza	3.2	5.7
Timing (oportunidad)	4.4	6.0
Promedio	4.3	5.8

El venezolano incrementa su promedio de la psicología del poder de manera importante mientras que su psicología general está en el mismo rango (5.2). Este valor tomará importancia cuando lo comparemos con la percepción del Mapa de Poder que nos habla de la percepción del poder pero evaluado como realidad conductual, ejercido. En esta fecha, para el 2015, posee el mismo nivel de promedio psicológico con el del promedio específico de la psicología del poder.

(En relación con el Mapa de Poder del año 2015, posee mayor poder psicológico que poder conductual o fáctico).

Estos datos obtenidos en la percepción del venezolano 2015 se pueden profundizar de manera realmente importante con el tema del Poder Sinérgico en el cual se hacen ocho niveles de relaciones, entre estos valores dando resultados muy específicos en cuanto a su realidad psicológica profunda, pero esto sale de los objetivos fundamentales de esta comunicación que busca informar sobre la aparición, en nuestra opinión, del nuevo venezolano que, sin duda alguna, está en la búsqueda de novedosas interpretaciones.

Imagen y Poder Emocional

Para completar la visión de la mentalidad del venezolano, aparte de su realidad psicológica, mayormente racional, exploramos en forma individual, la parte emocional para la que hemos desarrollado un esquema fundamentado en la visualización del sistema límbico como una entidad que en el ser humano es un detector FODA, es decir, de ubicación del nivel de amenazas u oportunidades que tiene su poseedor para evaluar cuántas fortalezas o debilidades presenta y que genera, muy groso modo, cuatro emociones básicas que son la alegría (oportunidades con fortalezas), ira (oportunidades con debilidades), tristeza (amenazas con debilidades) y miedo (amenazas con fortalezas), cada una de las cuales puede ser evaluada en forma positiva originando el disfrute, la motivación, la reflexión y la organización respectivamente en positivo pero también la euforia, la (auto) destructividad, la depresión y la evasión o parálisis en su visión negativa. De la misma forma, cada una de estas cuatro emociones, puede ser desarmada o fragmentada en tres aspectos positivos y negativos que son:

Alegría: Placer / displacer
Dicha / desdicha
Felicidad / infelicidad

Ira: Crecimiento / decrecimiento
Desarrollo
Prosperidad

Tristeza: Mismidad
Otredad
Consciencia / inconsciencia

Miedo: Libertad / No libertad
Autonomía / Heteronimia
Seguridad / Inseguridad

Los resultados obtenidos para el venezolano del año 2015, que revisamos nos muestra, recordando que cuando el elemento que se encuentre con valores menores a 5.0 traduce su realidad negativa mientras que la superior a este límite nos habla de la positiva.

Alegría		5.20	
-	Placer	6.00	
-	Dicha	5.30	
-	Felicidad	4.30	infelicidad

La alegría del venezolano está en una alegría no estable pero que se hace en base al placer y la dicha (celebración) pero con una muy llamativa infelicidad o, mejor expresada, felicidad en crisis.

Ira		2.20	
-	Crecimiento	2.30	decrecimiento
-	Desarrollo	2.50	involución
-	Prosperidad	1.80	miseria

La ira del venezolano está en un nivel de inoperancia positiva mostrando cifras inferiores a 3.49 valores, que en este esquema las valora como ineficientes y que tienen que ser revisadas para que, de ira con capacidades (auto) destructivas se transformen en motivación y que, por lo tanto, de acuerdo con esta visión representa uno de los puntos fundamentales del papel del liderazgo.

Tristeza		5.53	
-	Mismidad	5.6	
-	Otredad	4.5	egoísmo
-	Consciencia	6.5	

La tristeza en general muestra un valor muy parecido al de la alegría, solo contemplando una crisis en la otredad que la conceptuamos como la importancia del otro en nuestras vidas y que puede explicarse por la situación de emergencia que siente en los actuales momentos en lo que la supervivencia exige satisfacer primero las propias necesidades.

Miedo		2.53	
-	Libertad	2.5	no libertad (prisión)
-	Autonomía	3.8	heteronimia
-	Seguridad	1.3	inseguridad

El miedo, presenta valores compatibles con los de la ira y, por lo tanto, se muestra un miedo en situación de inoperancia, es decir, que no está en capacidad de organizar sino, por el contrario, de generar situaciones de escape o paralización que no están organizado la realidad para tener mayor fortaleza. El valor de la inseguridad es el peor de todos, conjuntamente con la prosperidad.

Clima Emocional: 3.86

Si tomamos el concepto de Clima Emocional como el resultado promedio de las cuatro emociones analizadas, observamos que se encuentra en un nivel de crisis grave y no de inoperancia que requiere de una rápida y efectiva actuación que tendrá como objetivo hacerlo más estable.

Estos resultados plantean muchas conclusiones importantes entre las que individualizamos las siguientes,

En lo positivo, el venezolano muestra en positivo, en baja organización, las emociones de la alegría y la tristeza que no debe interpretarse como una personalidad bipolar que va de una a otra sino, por el contrario, como una personalidad nostálgica, es decir que puede tener una tristeza alegre o una alegre tristeza que evoca los recuerdos lo que, por otra parte es compatible con el mejoramiento de la memoria.

En lo negativo, el venezolano muestra unos valores realmente preocupantes tanto en la ira como en el miedo, los que están en valores de inoperancia, que, plantea la necesidad urgente de implantar acciones concretas en su manejo, en especial con el tratamiento de la inseguridad y de la miseria que implica la ausencia completa de la prosperidad. La integración de la ira negativa o (auto) destrucción con miedo paralizante hace que se pueda pensar en lo más negativo emocionalmente sea la impotencia, que contrasta con lo encontrado en su parte psicológica.

Por una parte el venezolano, emocionalmente puede interpretarse como un nostálgico impotente, emoción ante la cual está respondiendo con su parte psicológica.

Estos resultados pueden ser profundizados al máximo cuando tomamos, por ejemplo, la integración conjunta de los elementos más positivos y de los más negativos, para hacer las cargas semánticas que puedan identificar las diferentes realidades.

Positivo		Negativo	
Consciencia	6.5	Inseguridad	1.3
Placer	6.0	Miseria	1.8
Mismidad	5.6	No libertad	2.5
Dicha	5.3	Involución	2.5

Un venezolano consciente y placentero puede generar una personalidad optimista y esperanzada.

La consciencia que tiene en un buen nivel con un aceptable nivel de mismidad puede estar hablándonos de tener la importancia del sí mismo.

La integración de placer con dicha, por otra parte puede estar mostrando un venezolano que tiene clara tendencia a la celebración.

Lo negativo, nos muestra una personalidad que en su aspecto emocional tiene inseguridad con ausencia de libertad que puede sintetizarse en una gran angustia (casi pánico) y que, por otra parte lleva a la de tener una sensación de involución a la miseria que genera un gran fatalismo.

La gran lectura que puede ser la salida a este complejo clima emocional, por lo tanto, se encuentra en la fortaleza de la toma de consciencia de cuatro elementos sumamente importantes que tiene que ser labor del liderazgo:

- Consciencia de la inseguridad presente en su vida individual y colectiva.
- Consciencia de la miseria o pobreza extrema en su parte económica que le puede estar llevando a situaciones dramáticas y trágicas.
- Consciencia de la ausencia de libertad, entendida esta como la capacidad para decidir.
- Consciencia de la ausencia de desarrollo entendida como las dificultades para asegurar el logro de objetivos con la funcionalidad correcta.

En el momento de hacer estas acotaciones que surgen de los resultados obtenidos podemos darnos cuenta que la salida a esta grave situación emocional, contradictoria o ambigua, nos lleva a pensar que la salida la está encontrando en la parte psicológica más que en la emocional.

Imagen Moral y Ética

En estos resultados del año 2015, el venezolano aparece descrito con elementos de multimoralidad como desde el comienzo de nuestras investigaciones pero con la salvedad que ya no aparece con desconcierto y desconocimiento de un parámetro ético que lo pueda identificar sino que aparece como multiético, que a nuestro entender traduce la necesidad de identificar, buscar, encontrar y llegar a tener un posicionamiento frente a los elementos que le harán convivir en la mejor forma posible con los otros, de los que, a juzgar por los resultados anteriores, todavía no le da gran importancia ni tampoco conoce mucho ya que apenas se está conociendo a sí mismo.

Lo Moral

Cuando damos las posibilidades de escoger entre cuatro posibilidades de moralidad (que recordamos a nuestro juicio) responden a reglas para el mantenimiento y optimización del poder entre la moral de la esperanza, del placer, de la racionalidad y del diálogo, hay una fragmentación en las tres primeras, quedando tan solo una respuesta a la moral del diálogo, con gran predominio de las opciones de la racionalidad (necesidad de organizarse para poder sobrevivir y que se puede corresponder con la implantación de un régimen fuertemente normativo) y la de la esperanza que coloca en el sacrificio el gran pago por una mejor convivencia. La moral fundamentada en el placer queda relegada a un tercer lugar.

Moral de la esperanza	8
Moral del placer	4
Moral de la racionalidad	10
Moral del diálogo	1

Esto sugiere que este venezolano para superar su grave crisis puede estar dispuesto a generar una gran racionalidad que imponga los correctivos necesarios para continuar existiendo o la de un importante sacrificio, que, busca con las actuaciones de hoy, lograr un mejor futuro.

Lo Ético

Cuando hablamos del posicionamiento ético que contempla también cuatro posibilidades que representan las posibilidades de asumir para la mejor convivencia posible, las posibilidades del egoísmo aislacionista, lo trágico como imposibilidad de acuerdos con el predominio siempre presente de lo negativo, lo dramático en la que siempre hay unas dinámicas con resultados que dependen de las acciones de cada protagonista y, finalmente de la que llamamos ética realista o anti ética que sugiere que los valores de convivencia se tienen que fingir, haciendo lo que hay que hacer sin que nadie se dé cuenta, se obtuvieron los siguientes resultados:

Ética realista	9
Ética trágica	6
Ética dramática	4
Ética aislacionista	4

Cuando se relacionan ambos resultados observamos que para esta muestra, el posicionamiento moral y ético de este venezolano esta fundamentalmente en un posicionamiento de “Real Politik” del “vale todo” seguido de uno sacrificado (esperanza trágica), uno que traduce la intensidad de una actuación y de un egoísta placentero y aislacionista.

Racionalidad Realista	10/9	Victimario
Esperanza Trágica	8/6	Sacrificio
Placer / Dramático	4/4	Actuación
Placer / Aislacionista	4/4	Egoísmo

Estas realidades de valores llevan, las dos primeras a una posibilidad de estar oscilando entre las leyes naturales, duras y contundentes de la supervivencia o, por el contrario, de estar en la posición de víctima de la relación de dependencia, en la que soporta quizás en forma estratégica las acciones de una moral del poder que le ha resultado ineficaz.

Imagen Ideológica

Este es un resultado que siempre nos ha llamado la atención, por los resultados que obtenemos cada vez que lo hacemos y que muestran, por lo general al venezolano como una personalidad que ideológicamente y de acuerdo a nuestro esquema de investigación es una persona de centro, poco proclive a los extremos.

De esta manera, en esta investigación, aparecen los siguientes resultados:

Ante el cambio: 4.35 / 10.00 ubicándose como un "ser renovado" que no se ve a sí mismo ni como revolucionario ni como conservador.

Ante la convivencia: 4.70/10.00 que lo señala como alguien con individualismo ciudadano que traduce a alguien que busca sus derechos, respetando el derecho de los demás. Cercano al centro que se identifica como democracia y como capacidad para convivir.

Ante la Conducta Política: 3.50 / 10.00 que lo ubica como una personalidad pragmática (irrespetar valores preestablecidos para lograr el objetivo propuesto).

En el promedio ideológico, el promedio de 4.18 lo ubica en las ideologías centristas.

En resumen, se trata de un venezolano que pareciera estar más cercano a la social democracia que se representa con un posicionamiento renovado ante los cambios, ciudadanía individualista ante la convivencia y, con una tendencia clara al pragmatismo en la conducta política.

Estos resultados son los que se obtienen desde que se comenzó a investigar en la década de los años ochenta, con algunas tendencias en algunos años en mostrarse más revolucionario (entre 1999 al 2002) que lo colocaría un poco más cercano al marxismo (revolucionario) pero nunca hacia lo conservador que lo volvería, en este esquema, más cercano al fascismo.

Esto es importante por considerarse el venezolano como una personalidad más cercana al partido Acción Democrática y a los intentos de Voluntad Popular, de ocupar el espacio del centro de izquierda, que, establecería un punto de competencia con uno de centro de derecha que ahora se presenta como principal representante, Primero Justicia.

Aunque esto suene duro para muchos, el venezolano es percibido como un adeco que si se vuelve más revolucionario se convierte en un marxista y, si por el contrario, se vuelve más conservador como es lo que pasa cuando se tiene el poder que no se quiere perder, se podría enrumbar al fascismo.

El marco que nosotros utilizamos para poder ubicar la ideología de una determinada personalidad, grupo o sociedad, la presencia de un centro estable conformado por un posicionamiento renovado, ante los cambios, una democracia en la convivencia y un punto de eficacia práctica que solucione problemas en el comportamiento político lleva a la ideología de la sostenibilidad, nombre que le damos por todo lo que significa en relación al respeto al pasado con el legado recibido, al presente con su bienestar y con el futuro, por el legado que hay que dejar.

Imagen de Rol

Las relaciones de esta percepción completa de lo que es un habitante de la Venezuela del 2015, al explorarse con sus relaciones tanto positivas como negativas, lo colocan como un aliado/amante en lo positivo y como un opositor/indiferente en lo negativo.

El resultado del aliado/amante nos hace pensar en un personaje que no sustenta el valor de sus relaciones como habitante ni en el amor o la amistad que lo llevaría a las relaciones de compromiso, respeto y confianza que hemos visto no son sus grandes mensajes aunque verbaliza constantemente su deseo de volver a hermanarse, superando los escollos de las diferencias que surgieron, se alimentaron y se consolidaron en años anteriores.

Un aliado amante habla de la capacidad de generar relaciones altamente utilitarias que deben generar provecho en cuanto a ganancias y placeres a las partes que están involucradas. Estas relaciones se pueden ejemplarizar muy bien con la gran cantidad de personas que encontramos en las agendas de hace algunos años que nos llegaron a parecer indispensables en nuestras vidas pero que, sin darnos cuenta, no frecuentamos ni tan siquiera recordamos hasta que buscando algún dato nos encontramos con sus nombres.

Si la relación positiva es la de un aliado que produce ganancias que además se fortalece con la presencia del placer de los amantes, las de tipo negativo nos hace caer en la de una personalidad opositora que, por concepto nuestro es la personalidad que coloca obstáculos a los objetivos y a la de indiferencia que señala, en nuestra metódica la realidad contraria a la del amor. Un opositor que además puede llegar a ser indiferente, borra la posibilidad de una relación fundamentada en el compromiso del amor o de la confianza y respeto de una amistad.

La realidad relacional del venezolano es este punto pareciera dura y difícil de asimilar porque nos habla de unas relaciones condicionadas en las que perdura si hay ganancias o placeres y que, si desaparecen lo hacen a través de la cruel indiferencia (falta de otredad) o de la colocación de obstáculos que impidan los logros que buscan.

Amigo	3.50	Enemigo	4.7
Amante	5.40	Odiante (rechazado)	4.9
Amor	4.90	Indiferencia	5.1
Aliado	6.00	Opositor	6.5
Hermano	4.80		

Imagen de Capital

Retomar el Capital Político

La ganancia de la Asamblea Nacional plantea la recuperación por parte del venezolano del poder que genera el capital político, el cual se hizo imprescindible en los años anteriores para lograr, mantener, recuperar, incrementar y optimizar tanto el poder económico como el político.

Esto cambia en la percepción que tiene el grupo en este año 2015 que señala que cada uno de estos capitales tiene la siguiente puntuación:

Capital Político

Autoridad

El sector oficialista, con la autoridad legitimada en los diferentes procesos electorales que, a pesar de las sospechas de fraude de muchos, jamás llegó a buen término el demostrarlo, sigue estableciendo gobiernos de imposición antes que de tipo de negociación y acuerdo. El año 2014 sirve para imponer a través de la fuerza y la coacción el valor de su autoridad. El sector opositor solo tiene unos pequeños centros con autoridad por legitimidad electoral que se encuentran realmente cercados y sin poder hacer mucho por los problemas presupuestarios y económicos.

Autoritas

El capital político que se hace por idoneidad y prestigio se va deteriorando rápidamente en el oficialismo con el gobierno de Nicolás Maduro Moros, sin que ello, por otra parte, signifique el incremento de las autoritas en el sector de la oposición. El país como un todo siente la incompetencia del gobierno para solucionar los problemas a los que ahora se le suma la gran violencia política mientras que el sector opositor sufre de las consecuencias de una lucha que pareciera no tener fin. Ninguna de las instituciones, ni tan siquiera la iglesia católica mayoritaria en el país, pareciera tener una autoritás convincente para alzarse como una voz de guía.

Coacción

La capacidad de amenaza se siente cada vez como el instrumento más eficaz del sector gubernamental oficialista para mantener su autoridad para lo que también contribuye la violencia generada por el hampa, tanto individual como organizada. Las personas se sienten cada vez más amenazadas e inseguras por varias razones entre ello, el castigo a voceros de la oposición, como el caso de Leopoldo López que representa lo que viven muchos otros venezolanos.

Influencia

La posibilidad de generar capital político a través del respaldo de influencia, sobre todo internacional, comienza a declinar en los grandes centros de poder mundial por la violencia y los presos políticos y por la cada vez más grave situación de desabastecimiento alimentario, farmacéutico y de otras áreas fundamentales. La actividad internacional desarrollada por Lilian Tintori, esposa de Leopodo López y Mitzy Capriles, esposa de Antonio Ledezma, genera una onda de simpatía y respaldos solidarios en todo el mundo. El gobierno de Nicolás Maduro Moros, comienza a sentir los rigores más profundos de las acusaciones abiertas y encubiertas de muchos de sus allegados políticos en el narcotráfico culminando en noviembre del 2015 con la captura en Haití de unos familiares cercanos de la pareja presidencial y que son llevados a los Estados Unidos.

Información

Los medios masivos de comunicación están ahora bajo el mando del oficialismo y sus allegados, quedando tan solo muy pocos los que dan cabida abierta a líderes y voceros de la oposición pero que ahora han tomado las redes sociales, convirtiéndose en casi el único vínculo que tiene el ciudadano con las diferentes realidades del país. Se agravan las grandes colas para comprar alimentos y los medios del mundo se muestran más abiertos a reseñar la realidad venezolana lo que, poco a poco va dañando la imagen gubernamental pero que, no significa ganancia de simpatías rápidas a los que se le oponen

Para la investigación de noviembre de 2015, la valoración del capital político tanto en gobierno como de la oposición son los siguientes:

	Gobierno	Oposición
Autoridad	8.5	3.5
Auroritas	3.7	6.3
Coacción	8.8	3.6
Influencia	5.2	7.4
Información	5.7	5.9
Capital Político	6.38	5.34

Como podemos observar, el capital político del gobierno se encuentra en 6.38 lo que significa que lo encuentran estable mientras que el de la oposición con 5.34 está en equilibrio inestable pero con un gran crecimiento respecto a los años anteriores.

El gobierno fundamenta su capital político en la autoridad legitimada por las elecciones y en la capacidad de coacción con un gran detrimento de su auroritas que baja en forma importante respecto a los años anteriores.

La oposición que tuvo su mejor capital político en el año 2007 con la aparición y brillo de los estudiantes, ahora se fundamenta en la creciente influencia y en la autoritás que se incrementa respecto a los años anteriores. Es de suponer que con los resultados del proceso electoral del 6D, estos elementos hayan sufrido un cambio a favor de los opositores.

Pareciera que el venezolano está dispuesto a incrementar su capital político.

Capital Económico

Este capital que ha recibido los embates del proceso revolucionario de manera permanente y profunda, generando unos cambios que ningún venezolano consciente hubiese imaginado en la década de los noventa, ha tenido durante todo el siglo XXI valores muy bajos, ya que, uno de los fundamentos visibles del proceso político ha sido el del quitarle todo el poder posible al poder económico que representa el sector económico privado, y que por lo tanto, las cifras superiores a los 6 puntos de las décadas de los años 80 a los años 90, nunca han superado el nivel de los 5 puntos en estos tres lustros.

La composición del capital económico, lo hacemos en tres elementos básicos que se corresponden con las acciones con que también valoramos el poder económico y que en estos resultados obtuvieron las siguientes cifras:

Producción	3.7
Inversión	4.4
Consumo	6.6

Capital Económico 4.9 empobrecimiento

El capital económico, de acuerdo a estas cifras mantienen un nivel cercano al equilibrio inestable por el alto consumo con que se describe a este venezolano, que de acuerdo a estos datos, está empobreciéndose de manera rápida y permanente y haciendo que la población no vea salidas en un apoyo abierto a este capital teniendo hasta los momentos que depender del capital político.

Hasta los momentos actuales, el venezolano percibe un poder político superior al poder económico, en especial, cuando este último se asocia con el sector privado pero, al mismo tiempo ocasionando un fenómeno interesante con la figura de la personalidad, imagen y poder creciente de Lorenzo Mendoza que, con sus industrias Polar ha resistido hasta los momentos los ataques permanentes e importantes del sector gubernamental al mismo tiempo que ha generado una matriz positiva de opinión pública en cuanto al gran funcionamiento social de la empresa, siendo evaluada en algunos estudios nuestros, como una empresa interdependiente.

Capital Social

Cuando abordamos este punto importante del Capital Social en el capítulo de las grandes carencias que percibimos en el venezolano actual, anotamos con gran preocupación que es quizás uno de los problemas más importantes que tiene que resolver con urgencia cualquier liderazgo del país.

Cuando históricamente en nuestras investigaciones observamos que, desde que lo investigamos, la percepción de capital social nunca ha llegado a los criterios de organización estable (de 6.00 a 8.49), estos valores en la actualidad, para esta última evaluación se encuentra en los siguientes valores en sus tres elementos fundamentales:

Valores compartidos	4.0
Confianza en el otro	2.7
Institucionalidad efectiva	3.0
Capital Social	3.23

El año anterior, 2014 el valor asignado al capital social fue de 2.80 que significaba, literalmente, la ineficacia total de este capital que surge como resultado de las más diferentes interacciones de las personas.

Esto nos hace pensar que el venezolano en el año 2015, se ha dado cuenta con su inteligencia que la única forma de superar la grave situación de crisis está en la toma del poder político para que, desde allí, se pueda intervenir de manera racional, lógica y efectiva al establecimiento de un buen capital social y económico y que lejos están las posibilidades de tomar el dañado y vulnerable capital económico para mejorar sus condiciones a partir de allí y que, incluso hacerlo desde el capital social luce complejo y, sobre todo, lento.

En esta imagen y el poder que conlleva quizás está el duro golpe que ha representado para el gobierno de Nicolás Maduro Moros, los resultados del proceso electoral del 6 de Diciembre.

Imagen de Casting
(Verdad, Premio y Vida)
Curar la Satanización del Contrario

Un casting sirve para escoger los personajes que deben hacer los papeles en cada obra a representar. Con ello, creamos esta imagen que se fundamenta en los tres niveles cerebrales que desde lo más primitivo a lo más evolucionado nos habla de lo que dice el que da mensajes de vida o muerte, el que le sigue o emocional al que nos habla de premios y castigos y, finalmente, el del alto pensamiento que nos habla de verdad y mentira.

Con todas las combinaciones posibles entre estos tres elementos surgen doce posibilidades cuyos extremos están representados por los personajes que transmiten muerte, castigo y mentira que son los demonios que hacen sufrir a quien se les presente por delante y quienes, por el contrario, hablan de vida, premio y verdad que se pueden considerar como los ángeles que darán felicidad a quienes le acompañen.

Los resultados de esta exploración de imagen y poder, ha generado un venezolano que varía de papel de acuerdo a múltiples variables y que, generalmente, está asociado con su multimoralidad y confusión ética que, por ejemplo, en los últimos tres años ha mostrado una personalidad que se asocia con vida, premio y mentira que se asocia con las figuras que escapan de la realidad a través de la fantasía.

En la exploración de noviembre del 2015, encontramos estos datos en las 23 respuestas.
El venezolano como una figura de casting, se presenta como:

Vida	13	Muerte	10
Premio	4	Castigo	18
Verdad	15	Mentira	8

Es una personalidad que genera los mensajes de alguien que da mensajes de vida, castigo y verdad que representa la de un "héroe" de aventura y que, por el contrario, cuando transmite muerte, castigo y verdad es un "mártir" fanático.

La contraposición de estos dos modelos es realmente interesante puesto que plantea una dualidad del ***mártir que busca ser héroe*** y no –si se hubiesen dado los resultados contrarios- de un héroe que busca martirizarse.

Esta es quizás la salida romántica de salir de la constante satanización de los pertenecientes al grupo contrario que se catalogan como mensajeros de muerte, castigo y mentira con lo que, para los seguidores del chavismo, los escuálidos eran diablos e, igualmente, para los opositores los chavistas eran visto como tales.

Con esto nos tenemos que tratar de responder con la mayor objetividad posible sobre lo que significa un venezolano "mártir" para contestar si significa el que hace grandes colas para conseguir los alimentos que en el pasado eran de fácil adquisición, si es por la falta de medicamentos que le impiden sanar y curarse y que le hace más vulnerable a muertes que pueden ser prevenidas, si es por la inseguridad que le hace sentir miedo de no regresar a su casa o por algunas otras que sumadas todas, hace de la vida un constante sufrimiento por la ansiedad y angustia que origina.

Cuando se tenga una clara imagen del por qué el venezolano puede sentirse como un "mártir" habrá que reflexionar sobre el para qué quiere ser, cual héroe de aventura, la personalidad que solvente estos problemas, para lo que, no tiene mayores herramientas que volver a tener el poder político.

Imagen Humana
(Dignidad, Orgullo y Honor)

Este mensaje de personalidad que estudiamos desde hace varios años, nos habla de la calidad humana de la personalidad evaluada en el sentido de la dignidad que tiene y de la que respeta en los otros, del orgullo que tiene de ser y pertenecer a algunas realidades y grupos y de no avergonzarse por ello y, finalmente, de tener el código de honor o comportamiento aceptable para mostrarse así y a los otros que tiene valores y principios que respetar y que lo coloca como alguien que puede ser confiable.

Los resultados del 2014 y del 2015 nos muestran un habitante que no se siente humillado a pesar de las duras realidades a lo que puede ser estar sometido y que es un elemento a favor para resolver situaciones pero que, por el contrario, si se puede sentir avergonzado por estar viviendo estas realidades.

Elemento	2014	2015	
Dignidad	6.0	6.2	no humillado
Orgullo	4.3	4.1	avergonzado
Honor	2.1	2.5	ausencia códigos
Imagen Humana	4.13	4.26	crisis

Cuando relacionamos los conceptos de dignidad como el respeto racional que nos merece cualquier ser humano y por orgullo, la emoción positiva de sentirse perteneciente o integrante a alguna realidad de ser, estar o hacer, es importante contraponerlas para profundizar estos hallazgos en la percepción del venezolano en estos dos años, de 2014 / 2015.

Baja dignidad + bajo orgullo = desprecio
Baja dignidad + alto orgullo = resentimiento / humillación
Alta dignidad + bajo orgullo = fortaleza / vergüenza
Alta dignidad + alto orgullo = presencia / donaire

De acuerdo a este esquema, el venezolano podría estar viviendo y transmitiendo una imagen de fortalecimiento al sentir vergüenza de lo que está viviendo, pero que, sin embargo, no es manejado por el resentimiento que genera el sentirse humillado. ¿El sentirnos avergonzados de vivir y convivir en la Venezuela actual nos hace fortalecernos o debilitarnos?

Lo más llamativo del análisis de estos resultados, por varios años nos pone en consciencia ante el hecho de las bajas puntuaciones que siempre surgen en la valoración del honor, entendido como la existencia de un código de comportamiento que implica el ser, estar o hacer algo determinado, no se trata por el sentirse deshonrado sino que no tiene un concepto de lo que es el honor y mucho menos de su importancia y que puede ser el resultado de ser una sociedad multicultural y mestiza en la que, se han perdido por respeto a las diferencias los códigos de honor originarios de cada cultura o, simplemente, por las simples realidades de supervivencia que parte de la población ha sufrido.

En resumen el venezolano del 2014 y del 2015, cuando se evalúa en la imagen y el poder de la humanidad nos muestra que ha pasado una parte del resentimiento de haberse sentido humillado, a su fortalecimiento que traduce parte de la dinámica de la resiliencia y la otra, de haber pasado de una gran dignidad y orgullo a tener que revisar y cuestionar su orgullo para encontrarse también en dinámicas de cambio y, sobre todo de resiliencia que para nosotros es la capacidad que tiene una personalidad individual o grupal para resistir la adversidad, para fortalecerse en ella y, de esta manera cumplir el tercer paso que es el de evolucionar.

Imagen del Ser
(Sustantivo, Adjetivo, Verbo y Predicado)

Esta imagen que viene a resumir en una especie de lema o clara explicación corta de lo que algo es, es difícil de investigar por la variedad de adjetivos, verbos y razones que expliquen el para qué se vive y ante lo que, se hace un análisis semántico para llegar a los tres que más se parezcan a los que han puesto nuestros colaboradores.

Si recordamos que en el año 2014, los resultados dieron la esperanza de un habitante de Venezuela era descrito como el que "está resistiendo para superar la adversidad", los resultados del año 2015 nos lleva al siguiente lema,

Sustantivo El habitante de Venezuela
Adjetivo sufrido, resistente, defraudado, resiliente.
Verbos superar, cambiar, vivir, evolucionar.

Legitimación Volver a la paz (serenidad + tranquilidad)

La frase que se puede estructurar con estos elementos es el de un "venezolano resiliente que busca evolucionar"

De la resistencia a la resiliencia se cumple el tercer paso que es el fortalecimiento para terminar evolucionando, es decir, comprendiendo todo lo que ha pasado, con sus enormes costos, ha sido para evolucionar como individuos y como sociedad.

Esta oración viene a contestar la gran pregunta que de no ser hecha y respondida nos haría sentir estúpidos por no tener idea del para qué tantos momentos tan intensos, dramáticos muchos y trágicos otros. El volver a la paz con el concepto de ella como la tenencia de la serenidad interna y de la tranquilidad externa, es vital como el gran objetivo que hay que plantear en los próximos años para el país.

Imagen Conceptual y Comunicacional

En el año 2014 nos encontramos un habitante de Venezuela que ya estaba seriamente cuestionando el concepto de "revolución" pero que, al mismo tiempo, no tenía otro, lo suficientemente importante para sustituirlo con igual éxito y que se hizo palabra importante en Venezuela desde finales del siglo XX y que, no pudo ser sustituida por el concepto de "socialismo". Ese año del 2014, con la muerte de Hugo Rafael Chávez Frías, y el arribo de Nicolás Maduro Moros, el chavismo perdió sus grandes símbolos del personaje en sí y de los elementos como el color rojo aparte que se complicaba la realidad económica y social del país.

La parte opositora política, sin embargo, parecía con toda la violencia social que se daba en el país de no tener un concepto clave que la caracterizara no pudiendo neutralizar los efectos de la palabra "guarimba" que no lograba traspasar el poder de un pequeño lugar en el cual también se imponían la improvisación organizacional y la ineficacia funcional.

De esta manera, el terrible déficit conceptual que surgía de la pérdida de símbolos en el proceso revolucionario y la inadecuada etiqueta de la protesta opositora terminó en la grave incomunicación que analizamos como uno de los diez grandes problemas del país que en su magnitud de silencio ensordecedor tuvo que ser compensado con muchos "ruidos" entendidos este como la presencia de sonidos y mensajes sin algún contenido importante de información.

Entonces, el 2015 es un año en el cual, el chavismo pierde aún más el significado de los símbolos de lo que significaba comunicarse eficazmente con el pueblo a través de ellos y que se estaba leyendo como pérdida de fortaleza estructural que tenía que compensarse con la manifestación de una mayor fuerza mientras que la oposición se adueñó de un concepto que siempre tiene sentido cuando van mal las cosas y que es el de "cambio" que hizo de la frase "Venezuela quiere cambio" el mensaje fundamental de la campaña electoral de las elecciones para la Asamblea Nacional. La palabra y concepto del cambio leyó como ninguna otra el cambio de fase histórica que es la tesis fundamental de este libro.

Resumen de Imagen

Venezolano del año 2015

Evolución Psicológica Victimario (Círculo del subdesarrollo)

Poder Psicológico 5.19 en el mismo rango que la psicología del Poder

Evaluación Emocional Crisis (3.86) Nostalgia Impotente.

Moral y Ética Multimoral/múltiética (Confusión de valores)

Ideología Centro (social democracia/ sustentabilidad) 4.11

Imagen de Rol aliado/amante que es opositor o indiferente. Relaciones mediadas por las ganancias.

Imagen de Capital Retoma del Capital Político

Imagen de Casting Mártir que busca ser héroe

Imagen Humana Fortaleza de la vergüenza de ser el país que somos.

Imagen del Ser Venezolano resiliente para evolucionar y lograr la paz.

Imagen Conceptual y Comunicacional Cambio como el concepto fundamental.

CAPÍTULO V
LA IMAGEN DE VENEZUELA

Toda la investigación de la imagen que proyecta Venezuela en nosotros, comenzó en una conversación que sostenía con mi amigo, el periodista y locutor Raúl Vallejo. De repente surgió la inquietud de cómo se podría representar a nuestro país en una publicidad; poco a poco la gente se fue integrando y la respuesta fue categórica, Venezuela fue imaginada como una mujer.

Desde ese momento, a comienzos de la década de los ochenta, comenzamos a realizar investigaciones de cuál era la imagen que teníamos los venezolanos de nuestro país. Al sistematizar la investigación, enriqueciéndola año tras año con las nuevas imágenes, surgen los primeros datos a través de los diferentes grupos de focalización que hacíamos en las grandes ciudades de Venezuela.

Para el año 1988, la imagen del país era la de una mujer, de 1.70 metros de estatura, de 60 kilogramos de peso, de una piel morena clara, ojos oscuros, cabello negro largo y figura voluptuosa. Era toda una reina de belleza.

A lo largo de los años, Venezuela va cambiando algunos datos, dejando siempre sin tocar las percepciones de mujer (casi el 90% las muestras la vieron siempre así), bella; de una piel morena clara y cabello negro y largo.

Venezuela, en nuestro modelo de imagen general se evalúa hasta comienzos del siglo XXI como una mujer sensual que se corresponde con la integración en su personalidad de alguien que con grandes focos de atención placentera (senos hermosos, cara bella y figura voluptuosa) que le da un modelo erótico y un comportamiento armónico genera el mensaje de ser la amada ideal pero que, en muchas ocasiones, en especial en la década de los noventa, es evaluada con la mala imagen de la sensualidad, es decir; comenzamos a ver al país como una mujer objeto, que no sabe reclamar ante todos los daños que le hacen a nivel físico, psicoemocional y sociocultural.

Este mensaje de personalidad, cambia en los comienzos de los años cero del siglo XXI, dejando de ser una mujer objeto para transformarse en una mujer que antes que apareciera en la vida pública del país, ya estaba siendo evaluada en nuestras investigaciones, era la descripción de la activista social, Lina Ron.

Con los elementos de las primeras investigaciones al respecto, se hizo una revisión histórica que nos parece importante resaltar en este libro por la importancia de tener o de carecer de una imagen de sociedad que sea continente de todo lo que pasa en él, de su expresión como persona con la que, sin duda alguna, pareciera más fácil comunicarse.

La Primera Estrella

La síntesis de esta investigación, comienza con la aparición en la vida nacional de una hermosa mujer llamada Susana Duijm; quien en una historia apasionante conquista la corona de Miss World en 1955, generando un impacto en nuestra sociedad que va a explicar en mucho la pasión de los venezolanos por los concursos de belleza. En pleno régimen de la dictadura de Marco Pérez Jiménez, la conquista de este reinado significaba darle vida al mensaje de la Gran

Venezuela a un gobierno dedicado a generar grandes obras públicas. De la portada de la célebre revista Paris Match del 5 de noviembre de 1955, dónde fue nombrada como "Carmen, la salvaje" a las expectativas de un país que colocaba en ella la simbología de un país que se imponía a base de belleza y empuje.

La Segunda Estrella

La segunda mujer, que pareciera ser emblemática de la Venezuela aparece a comienzos de los años sesenta proviniendo del mundo de la canción popular y de la televisión. Lila Morillo representa, en una opinión muy polémica, el proyecto de la naciente democracia. Cuando en 1961 canta "El cocotero" y en 1964 aparece su disco "Lila en Broadway" ya se convierte en la representante de la Venezuela que enfrenta la vida republicana democrática como una telenovela.

La Tercera Estrella

La vigencia de Lila Morillo dura hasta 1981 cuando aparece, tras el concurso de Miss Universo, la imagen de la hermosa Irene Sáez quien genera una conmoción muy grande, mayor que la de Maritza Sayalero quien había ganado el título tan solo dos años antes. Ella representaba la Venezuela en la que la democracia ya había pasado por la experiencia repetida del traspaso de poder de un partido a otro. Años después, Sáez incursionará con un éxito sorprendente en la vida política del país llegando a ser la primera alcaldesa de Chacao, gobernadora del Estado Nueva Esparta y candidata a la presidencia de Venezuela. Era el mensaje casi de la perfección hecha mujer.

La Cuarta Estrella

En 1984 surge la imagen y presencia de la secretaria privada del presidente Jaime Lusinchi, quien de inmediato para a simbolizar el poder político de la mujer venezolana, lo que logra a través de la influencia. Ejerce el poder de manera impositiva generando una gran sucesión de comentarios y escándalos que terminan con el divorcio de un presidente, lo que para los criterios de la época resultaba escandaloso.

La Quinta Estrella

En 1987 hace la aparición la imagen de una hermosa mujer, oriunda de Barquisimeto, Estado Lara, de nombre Sabrina Gómez pero que irrumpe en la vida pública venezolana como "Kiara" y de una canción de Rudy L´Scala que viene a reafirmar el poder de la mujer, desde el punto de vista sexual. Al revisar la letra de la canción "¡Qué bello!" que la catapulta a la popularidad a finales de la década de los ochenta observamos, que en ella se refleja el completo poder de la mujer quien es ahora la que utiliza como un objeto sexual al hombre. La emancipación sobre el poder que brindó la polémica imagen de Blanca Ibáñez se completaba con la factura que ahora, pasa la mujer utilizada como objeto para volverse quien maneja al hombre.

Kiara, representa la imagen de una mujer que parece una Susana Duijm actualizada, mucho más agresiva en su discurso y más segura de sí misma que posee el título universitario de abogado. Provee la imagen del país hasta 1996.

La Sexta Estrella

Sale nuevamente del Miss Venezuela la figura que durará algunos años como imagen de Venezuela, que de no haberse dado, seguramente no se habría podido dar el fenómeno del chavismo. Cuando desfila primero, en el concurso nacional y resulta una sorpresa por el desenfado y la seguridad de ser quién es impacta a la opinión pública venezolana, siempre pendiente de sus reinas y de las que podían darle rostro, presencia y mensaje al país que había nacido con una de ella y se había reformulado con otra e, incluso con la inmediatamente anterior puesto que Kiara también había participado en esa cantera de talentos y de mensajes. Alicia Machado, conquista nuevamente al Miss Universo para beneplácito del ego venezolano que ya obtenía su cuarta reina universal. La personalidad de Alicia Machado, fue realmente impactante e importante por lo iconoclasta que fue su reinado y sus reacciones empezando por haber engordado (delito mayor en este ámbito) y por otros hechos más que niega y rechaza la autoridad de normas, maestros y modelos.

Es la Venezuela en la que el llamado "chiripero" creado por Rafael Caldera, como efecto del golpe de estado de 1992 y que le sirvió para tomar el poder por segunda vez en 1993. Una miss que hasta ese momento tenía, por ser la imagen del país, un dechado de virtudes tales como lo habían sido las tres reinas del universo y las del mundo.

La Séptima Estrella

La elección de Hugo Rafael Chávez Frías en 1998, la Asamblea Constituyente que dio una nueva Constitución al país, sacudiendo toda la arquitectura del poder político y con ello, impactando negativamente al poder económico y, esperanzando a un sector importante de la sociedad, especialmente en los olvidados y marginados por el proceso democrático anterior. En nuestros estudios aparece una nueva Venezuela, completamente distinta a las anteriores ya que disminuye de estatura y aumenta de peso, se describe con un cabello amarillo pintado y con un discurso directo, sin tacto ni tolerancia y que, además utiliza su gran inteligencia para acorralar al adversario. Cuando en el equipo vemos las fotografías en las que aparece Lina Ron, luego del ataque de las Torres Gemelas de Nueva York, quemado una bandera en la plaza Bolívar de Caracas (que luego aclara ella que no era de los Estados Unidos sino de Maltín Polar) nos dijimos en el equipo que había que prestarle atención a esa personalidad por representar, casi al calco, la imagen que estaba saliendo en nuestras investigaciones desde hacía dos años.

Lina Ron representó, en su época y por un poco más de diez años, la presencia de la mujer resentida contando con una gran inteligencia que volcó para apoyar a Hugo Rafael Chávez Frías hasta su muerte repentina en el 2011, dos años justos antes que él, que oficialmente muere el 5 de marzo del 2013.

Ella, sin duda alguna representa la imagen del chavismo más puro y sin artificios que domina al país, social y económicamente, desde la política con un ejercicio que se parece mucho a la antipolítica, a la que hemos llamado, por sus principales rasgos, la "grotesquepolitique" que se utiliza como una herramienta para neutralizar a la "real politique".

De esta manera, hemos tenido, de acuerdo a este análisis siete mujeres las que, cada una con su personalidad y estilo, le han dado continente a las ideas que los venezolanos relacionan con el espacio, territorio, estado, patria, país, república o nación en la que viven y conviven.

Susana Duijm	Gran Venezuela	(1955)
Lila Morillo	Proyecto Social Demócrata	(1962)
Irene Sáez	La Venezuela de la Prosperidad	(1981)
Blanca Ibáñez	El poder político de la mujer	(1984)
Kiara	El poder de lo femenino	(1988)
Alicia Machado	La ruptura de comportamientos	(1996)
Lina Ron	La revolución bolivariana	(2001)

Con las siete estrellas representadas una a una, paso a paso, a partir del año 2007, con el cierre de RCTV; empresa que tenía el mejor archivo audiovisual del imaginario del país desde comienzos de los años cincuenta, las investigaciones sobre la imagen de Venezuela comienzan a cambiar en forma importante y hasta dramática. Aunque el país sigue siendo una mujer, ya no tiene la capacidad de darle un mensaje compartido a unos habitantes que sienten que puede ser una niña o una señora mayor, y en la que ninguno de los elementos importantes de la descripción, son coherentes para dar la percepción de una persona.

A partir de este año del 2007, ya la figura de Lina Ron, no tiene la vigencia de antes y hay solo grupos muy pequeños que comienzan a identificar en especial a tres mujeres que viniendo del concurso de Miss Venezuela, han generado unos mensajes que, sin embargo al no ser compartidos por grandes mayorías, se quedan como proyectos de imagen y que han sido: Norkys Batista que, fue vista en el 2007 como la mujer valiente que se enfrentó a Hugo Rafael Chávez Frías al pedir que no cerrarán a RCTV mientras que otras personas veían en la modelo y animadora Norelys Rodríguez esta figura y, otra parte, que toma mucha importancia a comienzos del año 2014, la imagen de Mónica Spears, Miss Venezuela 2004 que, al ser asesinada junto con su esposo en una autopista del estado Carabobo, genera todos los sucesos ocurridos políticos, estudiantiles y sociales del 2014, dónde la figura de Hugo Rafael Chávez Frías ya no podía influir de la manera como lo hizo en años anteriores.

De esta manera, al encontrar que los datos sobre la Imagen y el Poder de Venezuela no parten de una visión común, consideramos tan solo como de un gran interés académico los resultados que se presentan en los diversos estudios.

Por otra parte, esta situación de ausencia de una sola figura femenina para representar la nación que somos y de esta primera fragmentación nos hace pensar que, quizás Venezuela son ahora, la presencia de siete (7) mujeres que pueden estar representando con sus características de personalidad y actividad social, de trabajo y productividad con propósito, el país con un liderazgo grupal. A tal fin, a estas alturas, podemos vislumbrar una imagen multipersonal; que es lo que, a nuestro entender, es la característica de la nueva etapa por comenzar.

Tamara Adrián

Maríalbert Barrios

Mitzy Capriles

Adriana D´Elia

Elimar Díaz

María Corina Machado

Delsa Solórzano

Lilian Tintori

CAPÍTULO VI

MAPA DE PODER

Uno de los elementos que más nos llaman la atención de la investigación sistemática a través de la percepción de los más diferentes mensajes que emite una personalidad, individual o grupal, hasta la que estamos comunicando del venezolano que comienza este nuevo ciclo histórico, está –sin la menor duda- en la concepción de un Mapa (representación gráfica de una realidad) del Poder a través de la conceptuación y puntuación de las percepciones por parte de esa personalidad en las quince acciones que se pueden agrupar en los cinco grandes poderes que tiene el ser humano y los grupos que conforma y que son el Poder del Amor, el del Placer, el del Luchar, el de Saber y el del Tener y que surgió como resultado de una investigación que hicimos sobre la Misión de Vida del Venezolano a comienzos de los años noventa en la ciudad de Valencia.

El tener la posibilidad de poder nombrar dentro de un mapa las quince acciones que conforman a nuestra comprensión, el poder humano y, en consecuencia, poder relacionarlas estableciendo rutas entre ellas ha sido siempre una de las actividades más placenteras en la ejecución de un mapa de poder puesto que con ello podemos aclarar los elementos más poderosos de esa personalidad así como también sus grandes vulnerabilidades, amenazas para que, además encontremos la que llamamos dentro de este mapa, la zona de conflicto que al relacionar las rutas positivas y negativas nos llevan al conocimiento, entendimiento y comprensión de cuáles son los "votos" generalmente inconscientes que se han hecho, en una etapa crítica de la vida, en la que se obtuvieron ganancias de las dificultades.

Todo esto va a ser más claro cuando comencemos a estructurar el Mapa de Poder del Venezolano en el 2015 y de los cambios que ha tenido con los anteriores que comenzamos a realizar en la década de los años noventa.

Poder del Amor

Aunque pudiera parecer algo cursi para algunos, el poder que conlleva el amor en el ser humano es fundamental por los compromisos que se establecen y por las consecuencias que tienen tanto en la racionalidad y emocionalidad de los seres humanos y en sus acciones. De acuerdo con esto, podemos asegurar que el poder del amor, entendido como el compromiso fundamental consciente, voluntario y revisable que no tiene por qué ser correspondido (y convertirse en una negociación) tiene y se muestra a través de tres acciones que son el acercamiento (todo el que ama busca estar cerca de lo amado), la aceptación (todo el que ama acepta tal como es lo que ama) y el mejoramiento (todo el que ama busca beneficiar a quien ama).

El hacer y generar mensajes adecuados en estas tres acciones puede generar los amores simples que se fundamentan en un solo verbo, los complejos que ejecutan dos acciones olvidando la tercera) y los amores completos que se logran al cumplir eficazmente las tres acciones.

En la investigación del venezolano del 2015 se obtuvieron los siguientes resultados:

Acercamiento	6.1
Aceptación	4.3
Mejoramiento	3.5
Poder del Amor	4.63

De acuerdo a esto, el poder del amor del venezolano se percibe en crisis y se hace fundamentalmente a través del acercamiento, es decir, es un amor simple, que, cuando se producen distanciamientos, sufre en forma importante. La capacidad para mejorar el venezolano a otros está muy cerca a nivel de ser inoperante.

Amamos a alguien (o creemos amar) cuando se está cercano.

Tendemos al amor "cómodo" que acercándose y aceptando, sin embargo, no mejora lo amado.

Poder del Placer

El placer cuando se encuentra siempre busca repetirse y esto lleva a que muchas sean las personas y las sociedades que le temen a su presencia, sobre todo, porque puede estar asociado a irresponsabilidad y malas consecuencias.

Igualmente hay poder de placer simple (una sola acción), complejos (dos acciones) y completos.

Los resultados en el venezolano del 2015 son:

Motivación	4.5
Disfrute / Gozo	6.4
Satisfacción	3.2
Poder del Placer	4.70

De nuevo aparece una cifra promedio que nos lleva a un poder de placer simple, dado por el disfrute o gozo de una determinada realidad o situación, mostrando una gran insatisfacción que lleva, por regla general a tratar de buscar mayores estímulos para obtener calmar el deseo o apetito. Si tomamos que la motivación puede ser incrementada dejando el mismo disfrute / gozo podemos calificar al poder del placer del venezolano como muy seductor que no satisface ni se satisface.

Tenemos placer solo cuando vivenciamos el disfrute (placer en la abundancia de estímulos) sin tener una adecuada educación para el goce (placer intenso y restringido)

Podemos tender al amor seductor que no da satisfacción importante.

Poder del Luchar

La capacidad de luchar, es decir, de vencer las adversidades y obstáculos está fundamentada en las capacidades para persuadir (que lleva la racionalidad del convencimiento) y que hace que muchos busquen convencer a ignorantes que a gente con conocimiento y entendimiento), en ejecutar (hacer la lucha directamente) y mandar (hacer que otros cumplan con las órdenes dadas). Este poder que es el fundamento del gran poder social, sobre los demás y puede ser simple (una acción), complejo (dos acciones) y completo (tres acciones).

Este es el poder de los grandes liderazgos políticos y sociales. Los resultados en la investigación del venezolano del 2015 son:

Persuasión	3.6
Ejecución	4.0
Mando	5.3
Poder del Luchar	4.30

De acuerdo a esto, el venezolano tiene en crisis las acciones de persuadir (ausencia de mensajes) y de ejecutar (realizar lo que necesita o desea hagan los demás) y, de la misma forma, tiene una capacidad de mando en niveles peligrosos, cercanos a la crisis.

El promedio obtenido nos lleva a una cifra que indica una crisis en el poder de luchar del venezolano con graves percepciones tanto en el persuadir a que otros hagan como a ejecutar lo que está pidiendo hagan los demás. Es un venezolano que, de acuerdo a la cifra que ofrece la ejecución tan solo está realizando el 40% de su poder social, lo que nos indica que está desperdiciando todo su potencial.

Un venezolano que quiere, cada vez con más dificultades, mandar con un muy bajo, casi inoperante, nivel de ejecución, nos lleva a pensar que en esta dificultad se encuentra precisamente, parte importante de las acciones que lo están llevando a la necesidad de recuperar su poder político.

Si recordamos la cifra que se obtuvo en la psicología del poder que estaba en 4.8 al compararla con el 4.30 del poder de lucha o social, encontramos que estas dos son significativamente menores (más de un punto de diferencia) que el poder psicológico lo que pudiera estar indicando que el venezolano puede estar utilizando su poder psicológico para incrementar su poder social.

El venezolano tiene graves dificultades para articular un mensaje que le lleve a obtener, mantener e incrementar su poder social. Esto le hace disminuir su capacidad de mando.
Un punto clave de este análisis será que el venezolano no hace el mismo, lo que les pide a los demás que hagan.

Poder del Saber

El saber, a nuestro juicio, es la suma e integración del conocimiento y del entendimiento que va a conformarse con el cumplimiento de tres acciones que son el de la observación (fijar la atención y concentración en algo para conocerlo y entenderlo), la sistematización (organizar lo observado, conocido y entendido dentro de un sistema que sirva para explicar con gran lógica una determinada realidad) y, finalmente evaluar (probar y comprobar la veracidad y la validez de las conclusiones que constituyen un saber). Esto hace que hay, al igual que en cada poder, un saber simple (una sola acción), complejo (dos acciones) y completo (tres acciones).

Los valores obtenidos en este poder, en cada una de estas acciones son:

Observación	5.6
Sistematización	2.4
Evaluación	5.0
Poder del Saber	4.33

Otra cifra en valor de crisis que tiene una inoperancia en la capacidad para sistematizar, es decir, para darle organicidad al conocimiento que se tiene a través de la elaboración y relación de sistemas que ayuden a explicar la realidad bien observada y medianamente evaluada lo que lleva a que podamos concluir que el saber del venezolano, como en todos los resultados obtenidos desde comienzo de los noventa es que realizamos una educación y formación que se fundamenta en el entendimiento (observación más evaluación sin sistematizar u organizar conocimiento) y que, a nuestro entender es por las grandes fallas que se tienen en los procesos de conceptuación, de la utilización adecuada del lenguaje verbal.

El venezolano revela dificultades en la sistematización de su realidad a pesar de su gran capacidad para observar y evaluar que le hace entender todo pero que, al mismo tiempo, no puede comunicar en forma efectiva por la fallas de su conocimiento y la de su lenguaje en el manejo adecuado de los conceptos.

Poder del Tener

Este punto es importante cuando por teoría en esta metódica lo podemos contraponer con el poder de luchar, en el sentido que este muestra la capacidad de trabajar, diferenciando que la lucha es para superar la adversidad mientras que el trabajo es para producir riquezas y prosperidad.

En la descripción que hicimos de la Imagen de Capital, al revisar el económico, dijimos que este se fundamenta, de manera sencilla en tres acciones que son el producir, entendido como la transformación de recursos en riqueza, la inversión que hace que la riqueza se reproduzca en forma mucho más rápida y efectiva y, por último en el consumo que es intercambiar la riqueza para la satisfacción de necesidades y deseos. De esto surge el poder del tener simple (una acción), complejo (dos acciones) y completo (tres acciones).

Para el venezolano del 2015, los resultados son:

Producción	3.7
Inversión	4.4
Consumo	6.6
Poder del Tener	4.90

El resultado de esta visión nos habla que el venezolano se está empobreciendo puesto que consume más de lo que produce y de lo que está invirtiendo, gastando mucho más para tener menos lo que hace que cada vez sea más pobre. Los procesos de inflación y desabastecimiento ejercen en él una serie de consecuencias muy graves tanto a nivel personal como social.

El empobrecimiento continuo con la severa realidad económica habla de un escenario que, de no tomarse los correctivos necesarios pueden hacer que la realidad social y política muestre como respuestas la violencia y es por ello que toma importancia el cambio de ciclo, en el cual, hasta los momentos, el venezolano piensa que puede comenzar a enfrentar su realidad a través de cambios políticos más que sociales o económicos.

Cuando se saca el promedio obtenido en los cinco poderes se llega a las conclusiones que el venezolano tiene un poder real, en cuanto a sus acciones en 4.56 lo que equivale a decir que tiene un poder real, conductual en crisis, en dónde las cinco áreas fundamentales están todas en estado crítico.

Poder Del Amor	4.63
Poder Del Placer	4.70
Poder Del Luchar	4.30
Poder Del Saber	4.33
Poder Del Tener	4.90
Mapa De Poder	4.57

Por lo general, los resultados que hemos obtenido históricamente desde que comenzamos a realizar este estudio, los resultados siempre han oscilado entre los 4.50 y los 6.00 que nos muestran la oscilación entre un venezolano que tiene su poder integral en crisis como en la actualidad hasta tenerlo en un poder en baja organización, siempre en alto riesgo de caer nuevamente en crisis.

En otras épocas los mejores valores estaban en el poder del tener, en especial por los altos niveles de consumo que podían ubicarse en el rango cercano a los ocho puntos mientras que la parte más negativas se han mostrado en el amor lo que nos puede llevar a pensar que el poder económico se pueda haber utilizado para reparar en forma indirecta las fallas del amor.

Rutas

La capacidad de establecer dos rutas opuestas, una negativa que una a las dos acciones con menor valor y la que surge de las acciones mejor puntuadas, nos permite identificar sobre cuáles son los puntos más peligrosos y sus consecuencias así como los más favorecedores con los resultados que se puedan obtener.

Ruta Negativa

Al identificar las acciones menos valoradas encontramos que son, respectivamente la "sistematizar" (2.4) y "satisfacer" (3,2).

La lectura correcta de estos datos está en cómo establecer y darle nombre a la ruta que va desde la segunda menos valorada, en este caso la del bajo "satisfacer" (3.2) hasta el bajo "sistematizar" (2.4) que se establece al contestar la pregunta de cómo se llamaría la dinámica en la que por baja satisfacción se llega a la baja sistematización o, en forma más directa:

Baja satisfacción → Baja sistematización

Esto puede interpretarse como la respuesta de alguien que, por no estar satisfecho de sus necesidades o de cumplir sus deseos, no debe, no sabe, no quiere o no puede organizar sus percepciones sobre la realidad que vive.

Miedo	(deber o nivel de valores)
Ignorancia	(saber o nivel de conocimientos)
Soberbia	(querer o nivel de emociones)
Incapacidad	(hacer o nivel de desempeño)

El resultado final es el desconocimiento, es decir, si el venezolano continúa con estas dos acciones negativas, tenderá por diferentes razones, emociones, valores o desempeño a negar la realidad y, de esta forma, a complicar aún más las difíciles situaciones. Huir o escapar de la realidad puede ser el nombre de la ruta negativa.

Ruta Positiva

Cuando, por el contrario se identifican y se relacionan las dos acciones más valoradas en puntuación de las quince que se colocaron, obtenemos que son el "consumir" (6.6) y "gastar" (6.4) que colocada como una ruta de la segunda a la primera acción resulta ser:

Alto disfrute → Alto consumir

Al corroborar que se vuelve a repetir de manera impactante esta ruta durante años y años, sin ser modificada por la situación económica, social y política, hay que profundizar mucho el nombre que le coloquemos a esta relación puesto que en ella está gran parte de nuestros problemas.

¿Cómo se llamará la dinámica en la que un alto disfrute nos lleva al alto consumo? Tenemos claridad que si esta ruta fuese la contraria, es decir, el alto consumo lleva a que se genere disfrute, hay un resultado de gasto para satisfacer necesidades y cumplir deseos pero, al ser lo contrario, que se busque disfrute (recordemos que se satisface con grandes cantidades) para poder consumir, nos habla claramente de un evidente malgasto de recursos y de un despilfarro.

Esta ruta positiva del despilfarro o malgasto se ha mantenido por más de veinte años de investigaciones. Lo positivo que tenemos en nuestro poder está en poder malgastar y despilfarrar recursos puesto que pensamos que mientras lo hagamos es que tenemos los recursos o las riquezas necesarias para poder seguir despilfarrando.

Nuestra ruta de poder positiva no es tan buena, porque nos lleva a que nos reafirmemos como ricos a través del despilfarro.

Zona de Conflicto
(Voto de Evasión)

Al tener un poder en crisis (4.57) y que se observa en todos y cada uno de los cinco poderes (afectivo, placentero, de lucha, de saber y del tener en igualdad de condiciones), la zona en la que confluyen las dos rutas, toma especial importancia porque involucra a todo el mapa.

Al tener una ruta negativa que lleva a la "Huida" o "Evasión" de la realidad y de una ruta positiva que lleva el nombre de "Despilfarro" tenemos que la Zona de Conflicto nos dice una realidad que, ni siquiera, se ha modificado en las actuales circunstancias y que es, dicho de manera simple que huimos o evadimos a través del despilfarro que es, como huir hacia adelante y que, realmente, lo único que nos puede hacer caer en razón es, simplemente, constatar que no tenemos los recursos para seguir despilfarrando.

Si utilizamos el lenguaje terapéutico podríamos afirmar, con los datos de este mapa que se ha repetido con muy pocas variables en el tiempo que llevamos haciéndolo, que los venezolanos hicimos en algún lugar de nuestra historia un "voto de evasión", de huida ante la realidad que nos amenace y lo que, sin duda alguna, es un voto peligroso ya que al estar huyendo de la verdad cuando esta puede ser dolorosa, estamos cerrándole el paso a las acciones preventivas y reparadoras.

La pregunta más importante a responder está, aparte de la terapia que se pueda abordar para aminorar y eliminar este "voto" o mandato inconsciente, está en cuál fue el momento histórico en el cual se implantó y que puede venir desde lo cruentas que fueron nuestras guerras de independencia que diezmó a gran parte de la población nacional hasta las sucesivas guerras civiles que se presentaron en el siglo XIX.

CAPÍTULO VII
CONCEPTOS BÁSICOS

Por lo que hemos venido trabajando en los últimos años, pensamos que en lo que podemos aportar elementos importantes para el más adecuado manejo de la realidad del venezolano y de Venezuela que hemos encontrado está, sin duda alguna, en el lenguaje y más específicamente en el más adecuado manejo de los conceptos que traduce el más adecuado uso de la palabra para evitar las malas comunicaciones y las inadecuadas comprensiones que probablemente se deben al uso inadecuado de las palabras. Por ello, pensamos, de acuerdo a la valoración que hicimos de nuestros diez grandes problemas, por ausencias o malas presencias, que los conceptos que debemos aclarar son Amor, Valores, Sabiduría, Felicidad, Poder, Capital, Información, Liderazgo, Democracia y Tiempo.

Casi todos estos conceptos los hemos abordado a lo largo de este escrito pero aquí hemos querido individualizarlos hasta el punto de hacer de ellos, los esenciales recursos del lenguaje básico que cada uno de nosotros, como venezolanos, debemos tener muy claros para no engañar a otros o a nosotros mismos con palabras que se le parecen y que muchas veces, al utilizar como sinónimos, nos hacen fallar en el logro de nuestros objetivos.

AMOR

Más que Emoción, una Actitud.

Sí te amo por una sola de las ocho razones
Que pueda tener para hacerlo,
Déjala que sea tan profunda como para neutralizar
La ausencia de las otras siete que no tengo…
II
Si te amo por siete de las ocho razones,
Haz que la que falte no te la exprese nunca como falla,
Porque ya, con sólo esto, será nuestro gran escollo.

Es realmente difícil tratar de conceptuar al amor como realidad humana pero, al mismo tiempo, resulta imprescindible hacerlo en este trabajo por los objetivos que se persiguen.

El amor que, generalmente se describe como una emoción, nosotros lo enfocamos como una actitud que, siendo mucho más amplia que una emoción o que, incluso, un sentimiento, los incluye además en un área racional o cognoscitiva que indudablemente tienen, y en un área de conductas que forman parte importante de su esencia, presencia y valoración.

Al ser una actitud, el amor tiene una parte racional que contiene una parte de valores superiores y de conocimientos, una segunda parte, la emocional o afectiva que tiene una descripción completa en el concepto de la "emoción" (ver más adelante) y finalmente, una parte conductual que también nos genera una descripción muy importante de muchas de las dinámicas expresivas del amor. Dejar al amor como tan sólo una emoción, nos parece, un esquema restrictivo que se supera cuando lo conceptuamos, en consecuencia, como una actitud que nos dice que el amor es una respuesta integral que el ser humano tiene frente a una determinada realidad.

Vamos a describir, en forma esquemática qué es el amor, desde la perspectiva de una actitud, cuya comprensión va a generar una mayor capacidad de aproximarnos a sus realidades y problemáticas.

Componente Racional

Tiene dos partes que pueden ser la superior o que se puede describir con los "valores" sobre los que se sustenta cualquier amor y que, como tales, son importantes de individualizar y enfrentar como elemento fundamental y, el "conocimiento" que se tiene del amor, de lo que pueden ser todos los conceptos relacionados con su aparición, crecimiento, desarrollo, mantenimiento, recuperación, incremento y optimización. Aquí, se evidencia la importancia que tiene todo amor de ser conocido y, sobre todo, de ser sustentado en dos o tres valores, o como en el caso de las parejas, de saber claramente cuál es el valor fundamental que aporta cada uno de sus miembros, para conformar un nuevo gran valor cuando estos dos se integran.

Componente Emocional

Este elemento del amor, se explica de manera más explícita en el concepto de la Emoción y en lo que son cada uno de sus cuatro componentes que se describen como alegría, ira, tristeza y miedo y de la forma como el amor se describe afectivamente cuando cada una de estas emociones se evalúan en forma positiva, al saber la reflexión de la tristeza, la motivación de la ira, la organización del miedo y, finalmente, la celebración que da la alegría. Un amor completo, emocionalmente hablando, nos lleva a la presencia y evidencia de cada una de ellas como parte de sus componentes fundamentales.

Componente Conductual

En esta parte describimos que la presencia del amor tiene tres conductas que van a conformar su estructura fundamental para terminar por convertirlo en un acto de poder, estas conductas son: el acercamiento, la aceptación y el mejoramiento de lo amado y que van a dar expresiones conductuales del amor simple que tan sólo hace una de estas acciones, los amores complejos que cumplen dos de las tres y el amor integral que cumple con los tres comportamientos esperados.

De esta manera vemos como, dentro de los amores que generan gran cantidad de problemas, describimos los que se consideran amores defensivos (aceptan y mejoran lo amado sin que se le permita el verdadero acercamiento), los exigentes (cercanos y mejoradores pero que no aceptan tal como es a lo amado) y, finalmente, el amor cómodo (permite la cercanía y la aceptación pero que no mejora lo amado).

Esta aproximación al amor, de acuerdo a su conceptuación como "actitud", permite la tenencia de un método comprensible para saber sobre las virtudes y las fallas de cualquier amor, sabiendo que puede estar en la parte racional a través de no tener consciencia de los valores que lo sostienen y le dan vida o del poco conocimiento o entendimiento que tenemos del amor y del ser amado o, como pasa en muchas ocasiones, la presencia de fallas de tipo emocional o, finalmente en la evaluación de la conducta que se tienen en su presencia.

Problemas Frecuentes en la Actitud Amorosa:

- No tener claridad de los valores que lo sostienen o no tener consciencia de ellos.
- No saber claramente, lo qué es el amor para uno y confundirlo con una serie de realidades como sentimiento, pasiones, enamoramiento, etc.
- No conocer de manera profunda el ser que amamos y que, además, esta persona no nos conozca lo suficiente.
- No tener claridad del mundo emocional del amor y de sus diferentes expresiones en la riqueza afectiva, es decir; de cómo se expresa en la tristeza, la ira, el miedo y la alegría.
- No tener claridad de la llamada contaminación emocional que sufren los amores por diferentes causas e intenciones.
- No tener claridad de las acciones básicas con las cuales se expresa el amor de alguien y amar en una forma simple o doble, pero dejar de accionar uno de sus tres grandes verbos.
- No comprender, con todo esto, que el amor, sea cual sea su presencia e importancia, presenta disonancias que contraponen lo que se debe, se sabe, se quiere y se hace.
- Tener claridad que la presencia de un amor que no se desea cultivar tiene que ser neutralizado con una "indiferencia" que no le haga pensar a quien ama que se trata de una defensa que se expresa con una rabia o con una violencia manifestada. El verdadero antagonista del amor es la indiferencia.

La gran pregunta de este concepto es sí realmente amamos a Venezuela y de cómo lo mostramos de acuerdo a la respuesta que nos damos a esta interrogante.

VALOR

Reconocer qué es un Valor

Cuando se descubren los valores positivos

Es más fácil ponerse de acuerdo que,

Cuando se esconden los valores negativos...

Lo más importante para muchas personas, lo que sostiene toda la estructura de la vida racional humana está en la identificación, encuentro, utilización y defensa de los llamados valores superiores que, aunque resulten siempre difíciles de individualizar con el nombre correcto, siempre se siente mucho más su ausencia en una dinámica que su presencia en una realidad.

La Real Academia Española, define lo que es valor como aquello que es "Grado de utilidad o aptitud de las cosas, para satisfacer las necesidades o proporcionar bienestar o deleite" o, "cualidad de las cosas, en virtud de la cual se da por poseerlas cierta suma de dinero o equivalente", sintiendo que el sentido de los "valores" como tal no existe en el Diccionario de la lengua pero que se puede conceptualizar, desde la axiología ("Teoría de los Valores") como lo que define la Real Academia Española en su tercera acepción y que es "Alcance de la significación o importancia de una cosa, acción, palabra o frase" y que, para llegar a ser considerado como un "valor" tiene que cumplir con una serie de condiciones que es lo que intentamos reflejar.

Llegaremos a todo lo que significa este concepto, luego de revisar estas características:

* Todo valor se debe describir con tan sólo una palabra que, con ella, pueda explicar a una persona o grupo, toda la importancia que reviste para ellos. Cuando un valor no se puede reducir a un vocablo, potente y con mucho significado, todavía tiene que ser trabajado como tal por esa persona o grupo.

* Todo valor y quizás en esto, somos polémicos, reviste, para quien lo posee, una carga positiva que tiene que ser respetada y cumplida, no importando que, para otros sea negativo (anti valor) o incluso, algo indiferente, es decir; un no valor.

* Todo valor debe tener una carga de tradición que se debe seguir y de legado que hay que respetar, lo que hace difícil que se puede hablar de valores que no tengan más de una generación en vigencia y que fue impuesto como un principio importante y rector cuando todavía no era considerado un valor. La condición de legado es importante para que, como valor, deba trascender a las próximas personas que vengan luego de nosotros.

* Todo valor debe ser consciente, es decir; debe estar en la consciencia clara de toda personalidad o grupo que lo posea y, por lo tanto, un valor que haya pasado al subconsciente es un valor que ha perdido fuerza como tal. Con esta característica todo valor debe estar en el tiempo presente.

* Por último rasgo de identificación, todo valor debe, con su importancia máxima ser un sustento fundamental de cualquier paradigma o modelo de actuación humana tanto para el individuo que lo tenga como tal como para los grupos y comunidades por lo que es interesante revisar este concepto de pensamiento "Paradigma" para aclarar esta característica de lo que es un valor y cómo reconocerlo. En forma más sencilla, todo valor debe modificar el comportamiento de quien lo reconoce como tal, para seguirlo y defenderlo.

"Si tengo que vestirme hasta taparme los gestos
O desnudarme hasta no poder esconder nada de mi cuerpo,
Para, respetarte a ti, en tus valores,
No entiendas que estoy renunciando a los míos,
Sino que, por el contrario, estoy tan seguro de los que poseo,
Que puedo entender los tuyos".

El Triángulo de Valores.

La terapéutica de los valores es muy importante y por ello, trataremos este punto de la forma más sencilla que podemos y que está en que todo individuo o grupo, que va desde la pareja y familia hasta las naciones, deben tener elementos que todos identifiquen como sus valores fundamentales y que no debe ser tan sólo uno, porque genera un fundamentalismo siempre peligroso, tampoco más de tres porque a partir de este número, se comienzan a generar fricciones tanto de contenido como de lucha de cual debe prevalecer sobre otro, generando discusiones muchas veces, sin importancia.

De esta manera, toda persona, debe tener claridad, a nuestro juicio de los tres valores fundamentales que sean el continente de otros muchos valores y que pueden llegar, en el plano de una familia, de la discusión de los valores que proponga cada uno de sus miembros, tratando de obtener tres, que a la vez que contengan otros que sean ellos mismos, irreductibles.

En muchas ocasiones, como es el caso de las parejas, cuyo amor, está sostenido por la importancia de los valores que cada uno de sus integrantes aporta, encontramos que de esta forma, cada miembro proponga su valor y que el tercero, sea el valor que surge de la integración de estos dos valores. A manera de ejemplo: para ella, el valor fundamental es el del respeto y para él es el de la libertad. Cuando se establecen diálogos que unifiquen en otro valor a estos dos, encontramos; que puede ser la confianza y que ella, por lo tanto tiene que dar lugar a una confianza respetuosa del otro y a una confianza que acepte las expresiones de libertad de los miembros.

Así, se establece la técnica del triángulo en el cual, bajo este ejemplo, los tres puntos del triángulo son respeto, libertad y confianza que van a originar; tres nuevos conceptos que serían los valores que indican que la interacción va por buen o mal camino respecto a los valores, como:

* Confianza y respeto generan: Credibilidad

* Respeto y libertad generan: Autonomía

* Libertad y confianza generan: Seguridad

Es decir; una pareja que haya establecido estos valores como los fundamentales, tendrá como demostración permanente de su integración la credibilidad que cada uno debe tener en la otra parte, la generación de autonomía para no dañar la interdependencia de ambos y finalmente seguridad de uno en el otro.

Esto significa, que cualquier daño importante a la confianza hace que la pareja se mantenga autónoma con daños en credibilidad y seguridad; cualquier daño al respeto hace que se mantenga la seguridad pero con daños a la credibilidad y la autonomía y que, finalmente, cualquier daño a la libertad hace que se mantenga la credibilidad pero se dañen, en forma importante, la autonomía y la seguridad.

El conocimiento de los valores fundamentales, determinados y claros, discutidos y acordados, hace que, cuando un miembro de la pareja dañe a uno de los tres, esté totalmente consciente de lo que puede estar dañando.

El concepto de los valores es muy importante porque cómo explicamos en todo este libro, significan la parte de nosotros que supera a las leyes naturales que tenemos como seres de la naturaleza y que, por lo tanto, traducen la moralidad, lo ético y los principios que nos hacen tener poder, convivir y trascender como individuos y como sociedad.

Es importante llegar a reflexionar sobre los dos o tres conceptos que tenemos y compartimos como venezolanos y respondernos si nuestra actuación cotidiana frente al país los está reflejando.

SABIDURÍA

El Poder del Saber

La verdadera sabiduría sabe cuándo dudar

Y cuando debe mantener la fe…

Para gran parte de las personas que tienen consciencia de lo que genera, el poder diferenciar conceptualmente, lo que es conocimiento de lo que es entendimiento para llegar a integrar el concepto de sabiduría es un punto importante en el cual, gran parte de los conocimientos y entendimientos terminan siendo integrados y a tener un mayor sentido de profundidad porque, dicho de una manera más simple, se ha llegado a comprender.

La Real Academia Española define con tres acepciones lo que significa, colocando a la sabiduría como el "Grado más alto de conocimiento", la "Conducta prudente en la vida o en los negocios" y también como el "Conocimiento profundo en ciencias, letras o artes".

Cuando, a pesar de las confusiones que se pueden generar en la lectura de los diccionarios, separamos el conocimiento como capacidad para saber qué es algo y el entendimiento el para qué es lo que es, sea bueno o malo, llegamos literalmente a comprender en forma integral. Con la comprensión llega la sabiduría.

De esta manera, para nosotros existe una relación importante, que va a generar el concepto de sabiduría como la integración que la personalidad hace de todo cuanto conoce por diferentes vías como las que brinda la experiencia directa con la vida y la que se genera en escuelas, liceos y universidades pero que están unidas por su asociación con la ética y que nos permite decir una tesis arriesgada, los sabios son siempre éticos al comprender la vida mientras que la maldad puede ser que tenga los más altos conocimientos pero carece de sabiduría.

El Saber cómo Poder

En nuestro esquema la sabiduría conforma un poder que a nuestro juicio constituyen uno de los cinco grandes poderes que se dan en el ser humano conjuntamente con el poder del luchar, del amor, del placer y de las riquezas y que por lo tanto, puede ser el poder básico que se aspira tener y dominar o, un poder que sirve de herramienta para lograr otro sea el amor, el placer, el poder social o económico.

En este poder, el del saber que busca la sabiduría, se dan tres acciones que son las de observar que se revisa profundizando el concepto de observación, el sistematizar u organizar los datos dentro de un todo comprensible que se obtiene con en el concepto de organización y finalmente, la acción evaluadora que termina por revisar lo que se cree conocer y saber, para seguir profundizando o empezar a buscar el conocimiento y la sabiduría en otras fuentes y con otros métodos.

De esta manera aparecen el poder del saber hecho con un solo verbo (a pura observación, sistematización o evaluación) o el poder que, al tener los tres ya transforma a este poder en sabiduría, pero dejando espacio a tres tipos de saberes complejos, en la que cumpliendo con dos acciones, tiene carencia de la tercera y que describimos brevemente a continuación, sin dejar de tener claridad que tenerlos no es negativo sino incompleto y que, en conocimiento de esto, se debe completar con la tercera acción que falta.

* Observar y sistematizar sin evaluar: este es el conocimiento teórico en el cual, le falta evaluar para comprobar sí lo que se sabe es verdad o no o, más correctamente expresado, a qué tipo de verdad se corresponde.

* Observar y evaluar sin sistematizar. Este se describe como el conocimiento que se obtiene de otros, en el cual, no hay capacidad para realizar teoría sino ver y comprobar los conocimientos que existen hasta el momento.

* Sistematizar y evaluar sin observar. Este conocimiento es el que se hace sin conocer realmente, a modo propio, lo que sucede. Es la peligrosa especulación.

Sabiduría como Puerto o como Ruta.

Con este marco, la terapéutica del saber es fácilmente deducible por lo que significa, en primer lugar, hacer la diferencia entre el conocimiento y la sabiduría y en segundo lugar, llegar a tener consciencia sí el saber es la vía para lograr la misión fundamental o por el contrario, es la misión a la que ayuden a llegar, los otros poderes, a saber:

Los alimentos de la sabiduría.

* Cuando el amor ayuda a saber, se está haciendo empatía, comprendiendo.

* Cuando el placer ayuda al saber, se está creando con la inspiración.

* Cuando el luchar ayuda al saber, se está investigando.

* Cuando el tener ayuda al saber, se está dando la seguridad de la autonomía.

La sabiduría como alimento:

* La sabiduría que ayuda al amor está en dar pautas de buena orientación.

* La sabiduría que ayuda al placer está en generar pasiones en los descubrimientos.

* La sabiduría que ayuda al luchar está en dar el fundamento del buen mando.

* La sabiduría que ayuda al tener está en la implantación de una adecuada gerencia.

Lo importante a tener claro es que la verdadera sabiduría nunca intenta dañar y que, cuando lo hace es para terminar por sanar o curar, para aliviar o mejorar.

Lo importante en el tema de la sabiduría en Venezuela está en poder responder con gran honestidad sí quienes poseen la sabiduría necesaria para generar los cambios adecuados para nuestra evolución como sociedad o sí, por los más diversos complejos, intentamos saber más de algo que, por dedicación, motivación, preparación, conocimiento y entendimiento han dedicado parte importante de su vida a ello. Poder contestarse dónde está la sabiduría del país en estos momentos es una reflexión importante.

¿El venezolano le teme al conocimiento, al entendimiento o a la sabiduría?

Emoción

Educación Emocional

Es un concepto básico en esta comunicación porque contiene todo lo que está relacionada con la parte afectiva del ser humano y aún más, cuando como producto de su deconstrucción, encontramos las cuatro emociones básicas a partir de las que surgen todas nuestras reacciones con las que sentimos amar o no amar, querer o no querer.

Para nosotros, en un esquema que con simplicidad aborda lo que puede pasar en el sistema límbico, nuestros cuerpos se dan cuenta sí están enfrentando amenazas que le hacen peligrar su integridad, u oportunidades que le ayudarán a conseguir lo que necesita o desea y cuántas fortalezas o debilidades tienen para enfrentar las amenazas o aprovechar las oportunidades.

Este concepto lo revisamos ya en la descripción de la Imagen y el Poder Emocional pero nos parece importante remarcar el origen, la importancia y la capacidad para manejar cada una de las cuatro emociones básicas, las cuales son:

Alegría

Corresponde al territorio que se marca entre las oportunidades del ambiente y las fortalezas o capacidades que se tienen para aprovecharla. Es una emoción que se desea tener por la gran celebración, plenitud y hasta éxtasis que nos genera pero que, al mismo tiempo, tiene una parte negativa en la peligrosa euforia.

Ira

En nuestra forma de evaluar la vida emocional, ella surge cuando ante la presencia de grandes oportunidades se siente la frustración de tener debilidades que no permiten que se aprovechen como se quiere hacerlo. Es importante porque la vida nos coloca esta emoción para que enfrentemos nuevos retos y evolucionemos, dándonos la oportunidad de destruir o construir con ella.

Como nota especial, en este esquema diferenciamos a la ira de la rabia, al ser la primera más intensa y duradera mientras que la rabia la evaluamos como menos dañina, menos intensa y más prolongada aunque para el Diccionario de la Real Academia, casi son sinónimas.

Tristeza

Ella, quizás es la expresión que más eludimos como emoción. Se genera cuando al percibir las amenazas, sólo se pueden enfrentar con las debilidades que se tienen y que genera una emoción que puede llevar a la depresión (tristeza mala) o, simplemente a la reflexión (tristeza buena) que traduce el pensar sobre la ya pensado e ir profundizando. Al considerarla como la emoción más profunda nos pone en contacto con lo que, generalmente, evadimos.

Miedo

Por último, al encontrarse las amenaza que percibimos con unas fortalezas propias que sentimos no logran neutralizar con éxito a las amenazas, encontramos la emoción que impulsa a que se huya o se enfrente a lo temido y que hemos visto genera la huida o al establecimiento activo de la organización que permite acumular fuerzas para fortalecerse y vencer estas amenazas.

Estas emociones pueden unirse en dos, generando las siguientes emociones subsecuentes:

Alegría más ira:	Venganza o deseos de justicia.
Alegría más tristeza:	Nostalgia o melancolía.
Alegría más miedo:	Excitación o temeridad.
Ira más tristeza:	Ansiedad o movilización.
Ira más miedo:	Impotencia o reto.
Tristeza más miedo:	Desesperación o ubicación.

Así mismo tenemos, la suma de tres de estas emociones, quedando una fuera y que generan las siguientes emociones en positivo son las siguientes:

Alegría más ira, más tristeza pero sin miedo: Indignación o autodestrucción.

Ira más tristeza, más miedo pero sin alegría: Fortalecimiento o dolor.

Tristeza más miedo, más alegría pero sin ira: Obediencia o sumisión.

Miedo más alegría, más ira pero sin tristeza: Superficialidad.

Cuando se dan las cuatro emociones, en suma negativa, se dan las siguientes expresiones:

La alegría genera: Euforia.
La ira produce: Destrucción.
La tristeza causa: Depresión.
El miedo origina: Paralización o Evasión.

Se puede describir el odio como una supra emoción pero en sus aspectos positivos, la contentura de la alegría, la motivación de la ira, la reflexión de la tristeza y la organización del miedo, nos encontramos con el amor como supra emoción positiva.

Educación Emocional

La terapéutica de la emoción, tiene un claro fundamento que está en la necesidad de Educación Emocional que requieren las poblaciones en los actuales momentos y que permita, reconocer cada emoción, poder volverla positiva y sobre todo tener consciencia de lo importante que es generar climas emocionales positivos sea cual sea la que esté expresándose.

A lo largo de esta comunicación, hemos enfatizado en la importancia de las emociones en el país, de cuáles han sido las emociones básicas del venezolano en este recorrido y de la importancia que tiene que nos eduquemos emocionalmente para poder superar grandes escollos que se originan en su desconocimiento.

PODER

El Poder que se tiene

Traduce una realidad contundente de la naturaleza que, incluso, trasciende la conciencia y la vida para manifestarse en los seres que existen en la naturaleza pero que cuando se relaciona con el ser humano, genera una realidad que casi pareciera estar asociada a los instintos o mandatos genéticos, generando las dinámicas y los hechos más sublimes y más terribles para su búsqueda, mantenimiento, recuperación, incremento y perfeccionamiento.

El poder, es quizás una de las dinámicas que en el ser humano, más lo domina. Cuando, con esto vamos al diccionario de la Real Academia Española, encontramos que su mejor definición es sencilla ya que dice que poder es "tener expedita la facultad o potencia de hacer algo".

Nosotros, como área prioritaria en nuestra teoría, lo conceptuamos como el conjunto de varias facultades o potencias y que nos dice que:

Poder es hacer lo que la persona necesita o desea hacer.

Poder es no hacer lo que la persona no necesita o no desea hacer.

También:

Poder es obligar que otros hagan lo que la persona necesita o desea que hagan aunque ellos no lo necesiten o deseen hacerlo.

Poder es prohibir que otros hagan lo que la persona no necesita o no desea que hagan a pesar que ellos no requieran o no quieran hacerlo.

Las dos primeras se corresponden con el poder personal que cada quien tiene como persona mientras que los dos últimos se pueden referir a un poder social que la individualidad tiene sobre los otros.

Esto hace que, para poder identificarlos más claramente, el poder individual puede ser proactivo (hacer) o puede ser rebelde (no hacer) mientras que el que llamamos poder social, puede ser prescriptivo (hacer que hagan) o prohibitivo (impedir que hagan).

Con esta simpleza de razonamiento, podemos llegar a categorizar cuatro tipos de poderes que, cuando se analiza en cada personalidad y situación, realmente aclara mucho sobre las realidades y expectativas, justificación y legitimación de cada ente que ejerce poder, incluido quien lee este concepto, así podemos identificar las siguientes categorías:

Poder rebelde y prohibitivo: contempla un poder inmaduro e inconveniente que se puede resumir como el que ejerce quien "no lava pero tampoco presta la batea"

Poder rebelde y prescriptivo: contempla el que ejercen aquellas personalidades individuales o colectivas que quieren imponer su forma de hacer las cosas a como dé lugar, al precio que sea y que termina siendo caótico tanto para quienes son indicados a seguir órdenes como para quienes la imponen.

Poder activo y prohibitivo: representa aquella personalidad que puede resultar dictatorial, haciendo pero no dejando hacer; neutralizando la presencia y la voluntad del otro. Es un poder que podemos describir como dominante.

Poder activo y prescriptivo: representa el poder que se ejerce haciendo e indicando que es lo que deben hacer los demás, y que va a generar diferentes productos de gestión en base a otros elementos como flexibilidad y tolerancia.

En un tema tan extenso como este y que hemos profundizado tanto en los últimos años, encontramos que lo más importante, terapéuticamente hablando, se encuentra en la capacidad que tenga cada quien para evaluar de una manera sistemática y objetiva el poder que tiene en la actualidad y el poder que necesita o desea obtener, teniendo además que tener muy claro, tanto el por qué y el para qué cuyas respuestas le van a facilitar su obtención, mantenimiento, mejoramiento o recuperación y el cómo lo va a lograr y la forma de ejercicio ideal.

Tratemos de resumir los principales hallazgos al respecto.

¿Por qué el Poder?

Todas las justificaciones que se pueden dar dependen mucho de la sinceridad, que van desde las biológicas en las que el poder puede llegar a cumplir con las características básicas de un instinto hasta por razones de condicionamiento social que le dan primacía a quien lo tiene y lo ejerce. El porqué del poder, no siempre es fácil de responder.

¿Para qué el Poder?

Esta respuesta que llamamos "legitimación", las respuestas son más claras y evidentes y que van desde las de tipo persona, que quieren compensar o reparar ausencias de poder en el pasado como complejos y humillaciones hasta la parte que aduce la mayoría de tipo altruista y de mejoramiento del entorno. Esta respuesta es, en ocasiones, tan evidente, que observando y haciendo una simple curva de vida, se encuentra con meridiana claridad.

¿Cómo ejercer el Poder?

Esta es un área muy importante, puesto que implica la gerencia del poder y conlleva toda la metódica que la personalidad utiliza para ejercerlo, incluidas también las acciones que sirven para mantenerlo, incrementarlo y optimizarlo.

Como quizás es lo más importante aquí, podemos categorizar los diferentes instrumentos que sirven para ejercerlo y que rápidamente nos pueden guiar en esta búsqueda.

* Con la autoridad (poder socialmente reconocido y validado)

* Con las autoridades (poder ganado en base a prestigio e idoneidad)

* Con la fuerza (poder ganado en base a las amenazas proferidas y el miedo)

* Con la influencia (poder hecho en base a la cercanía real con quien lo ejerce)

* Con la información (poder a través de dar la información conveniente)

Todo el poder que cualquiera de nosotros tiene, en cada una de las áreas básicas en las que nos desenvolvemos, va a generar todo un perfil de poder que es necesario conocer para su mejor ejercicio, tanto en la forma personal y llegar a ser proactivo y prescriptivo antes que comportarse como alguien que lo ejerce a manera de rebeldía y en forma prohibitiva.

Este concepto es quizás uno de los que hay que enfrentar como venezolanos, puesto que es uno de los puntos más importantes a resolver desde la razón, ya sea por la verdadera comprensión de sus realidades y de los valores que deben sostenerlo. Evaluar el poder solo a través de la fuerza, con que se manifieste es, sin duda alguna, una realidad que hay que superar.

Capital

Recursos con los que Contamos

Poseer capitales importantes que generen, con su presencia y valor, seguridad de contar con beneficios presentes y futuros es la forma como muchas personalidades, por no decir todas, le da legitimación a sus luchas y a sus logros.

Cuando cualquier persona va acumulando lo que la Real Academia Española califica como el "Valor de lo que, de manera periódica o accidental, rinde u ocasiona rentas, intereses o frutos" va teniendo lo que también, con un sentido amplio, se traduce como todas sus riquezas, expandiéndose más allá de la económica.

Con esta idea y sin tomar en cuenta que otras acepciones, esta palabra habla de lo que es más importante y lo que es la cabeza de todo sistema. Para nosotros es, lo que define tan claramente el Diccionario, ocasionando ganancias reales o potenciales. Por ello, para toda personalidad individual o colectiva le es muy importante conceptuar "capital" y más aún, hacer un balance de ellos, tomando en cuenta, toda una serie de elementos que se van a traducir en riquezas.

De acuerdo con nuestra tesis de poder, todo ser humano individual o colectivo tiene diferentes capitales que surgen de la cultura, los enfoques y los valores que le han parecido prioritarios obtener e incrementar, mejorar y perfeccionar.

Ellos son:

El capital político que surge de estar inmerso en una determinada sociedad que requiere de políticas.

El capital económico que se genera en base a la productividad que tenga (transformar recursos en posesiones materiales)

El capital social que surge de la interacción e integración de muchas culturas.

El capital humano que es un capital central, que genera, entre otros, al capital relacional que describimos en el concepto de la sociabilidad.

Al describir, en forma muy somera, cada uno de estos capitales, podemos a comenzar a tener consciencia de la importancia que tiene cada uno de ellos en nuestras realidades de tipo familiar, social, profesional de todos los días.

Capital Político. Tenencia de la capacidad para ir obteniendo seguidores en el ejercicio de un liderazgo que lleva a tener autoridad legítima, de autoridad por trayectoria, amenaza de daño por fuerza, influencia en los entes de poder y, finalmente, capacidad para el manejo más adecuado de la información a través de comunicaciones generales y específicas.

Capital Económico. Tenencia de elementos valiosos que producen rentas, intereses y frutos desde el punto de vista económico y que son considerados como bienes a los que se tiene derecho y derecho a uso, pudiéndose disponer de ellos.

Capital Social. Tenencia de elementos que ayuden a compactar los diferentes grupos multiculturales tanto en origen como los que vienen de los mestizajes como de hecho, como lo son diferentes culturas que conviven. Se hicieron célebres los trabajos de Putman ( ) que describió que constan de valores compartidos, confianza en el otro y capacidad para generar organizaciones que confronten y solucionen problemas específicos.

Capital Humano. Tenencia de la capacidad por parte de la persona de recursos en su realidad para la productividad, en base a sus valores, conocimientos, afectos y pericias en muchas y variadas áreas y no haciéndolo, como evalúa un concepto de que es la importancia de la presencia de personas educadas y capaces de producir bienes y servicios.

Capital Relacional. Tenencia de gran cantidad de relacionados que puedan prestar su ayuda en áreas y momentos determinados. Se estudió, con profundidad en el concepto de “sociabilidad”.

Hechos de Importancia

Para generar procesos terapéuticos con este concepto, podemos hacer algunas aseveraciones que se aclararán cuando cada persona analizada tenga claridad de cuáles son los capitales que tiene y que tiene que hacer para mantenerlo, incrementarlos y hacerlos más efectivos así como cuáles, son los capitales que quiere lograr y qué costo quiere lograr por ello.

El capital que debe y puede dar origen a todos los demás es el capital humano que debe ser sometido, cada cierto tiempo, a una revisión para saberse cómo está y cómo se ha manifestado. Puede evaluarse en cuanto al capital de valores que se tenga, los conocimientos que se tengan, las pericias que se hayan acumulado y, el capital emocional.

El capital relacional, es quizás uno de los más importantes en cuanto a lo que puede hacer por cualquiera y que analiza el número y la cantidad de relaciones que uno ha acumulado por el tiempo de vida, incluso, las que se mantienen de la familia de origen y de las diferentes áreas que se han experimentado.

El capital social, que no debe confundirse con el capital relacional debe estructurarse en función de saber investigar y, conocer los valores compartidos, la capacidad para confiar en el otro y la que se tenga para crear instituciones, pasajeras o permanentes, para enfrentar y solucionar problemas.

El capital económico debe estructurase, de manera sistemática sobre las acciones de productividad que transformen, recursos y esfuerzos en riquezas, de inversión que haga que las riquezas se multipliquen y, finalmente, en un consumo que no exceda lo que se debe gastar para seguir creciendo en esta área.

Concienciar que todos somos parte de un capital político y, que, además podemos tomar parte de él para enriquecerlo, debe plantearse sobre una vida que cuenta con una serie de elementos y áreas de autoridad que le legitiman para realizar, para ejercer poder, que tiene una trayectoria que le ha dado una autoridad fundamentada en un buen ejercer, de fuerza para hacer algunas amenazas, de influencia para hacer poder en forma indirecta y, finalmente, en manejar la información pertinente que le permita una conveniente toma de decisiones.

Hacer un balance de capitales en cualquier momento de nuestras vidas, finalmente nos coloca, con mucha honestidad y frialdad frente a los elementos con los cuales realmente contamos.

Información

¿Cómo es Nuestra Data Informativa?

Lo que para la Real Academia Española es una de las acepciones de la palabra Información, la que más nos interesa para los objetivos de este libro, es la que expresa, "Comunicación o adquisición de conocimientos que permiten ampliar o precisar los que se poseen sobre una materia determinada". Para nosotros es "la data o conjunto de datos analizados, que tiene una determinada realidad, situación, dinámica o personal; y a la que se puede acceder al poseer y utilizar las capacidades para captar, sistematizar, interpretar y transmitir los diferentes datos que tiene una realidad determinada y que pueden ser captados", en el caso humano, por vía de todos los sentidos y que, por lo tanto, son todos los datos que, siendo procesados, generan un mensaje que, una vez recibido e interpretado es capaz de cambiar el estado de conocimiento de quien la recibe.

Más allá de la Teoría de la Información, para los propósitos de este escrito, queremos profundizar en la importancia de este concepto para la vida humana, para el ejercicio de la comunicación, de la que ella es el sustrato. Por ello, vamos a tratar de resumir qué es lo que pasa un ser humano cuando tiene, en forma voluntaria o no, un hecho, dinámica, cosa o personalidad que le genera informaciones que, de acuerdo a lo explicado anteriormente va a transformar su conocimiento.

Captar la información.

La manera cómo captamos la información se nos presenta bajo la capacidad que tenemos los seres humanos para captar la realidad, a través de lo que percibimos y que, se ha ido incrementando con la tecnología que nos han potencializado los sentidos y vemos la realidad a través de microscopios y telescopios así como también. Con técnicas y conocimientos podemos evaluar las verdades de alguien con la micro gestualidad.

Sistematizar la información.

El siguiente paso, es lo que hacemos nosotros los seres humanos con la data que vamos recibiendo y cómo la vamos organizando para hacerla útil, entrando en escenario, los diferentes esquemas con los cuales, podemos hacer que estos datos que recibimos sean almacenados y procesados de manera correcta y rápida. Aquí entra en juego la inteligencia en la estructuración de los sistemas que, con un grado importante de organización, vayan dándole estructura a estos datos, dándole los niveles primarios de importancia por su veracidad y su pertinencia que evite que nos llenemos de data falsa y poco importante.

Interpretar la información.

Cuando se tienen los datos organizados de manera correcta por la sistematización, se procede entonces al análisis de estos datos en cuanto a una gran cantidad de características que le van a colocar en un nivel de importancia, y de jerarquía que va a darle prioridad a la información que más se necesite y que viene a estructurar la llamada "inteligentica de la información" que va a definirse como una fuente primordial para que el conocimiento haga tomar decisiones.

Utilización de la información

El cuarto elemento va a responder qué es lo que se va hacer con la información que ha sido captada, sistematizada y analizada, dando como producto una información que por su valía genera cambios importantes en el conocimiento (o refuerzos de ellos) y que es valioso para la toma de decisiones y la iniciativa que debe producir. En ella, se va a decidir cuál es la función que tiene toda la data que ha sido procesada.

Terapéutica de la Información

Con esta visión, la terapéutica de la información se resume en la frase que quién tenga buena información, rápida, veraz y pertinente, tiene el poder que se logra, mantiene, recupera o perfecciona en base a las decisiones e iniciativas que produce una buena data. Por ello, cada uno de nosotros, como individuos y como integrante de grupos debe reflexionar sobre cuál es el nivel de información con la que maneja sus decisiones e iniciativas en las diferentes áreas de su vida, pudiendo tomar como una guía para ello, los diferentes niveles que tiene para cumplir con cada uno de los cuatro pasos.

¿Fallas y Aciertos como Seres de Información?

Por ello, a manera muy práctica, se puede evaluar cómo se va obteniendo, procesando, interpretando y utilizando la data informativa como un parámetro que ayude a la toma de buenas decisiones y que, puede explicar cómo personalidades, individuales o colectivas; tienen grandes logros por la información que manejan y cómo otras personalidades, no llegan a lograr objetivos que realmente se merecen por no tener la información veraz, oportuna y pertinente que tienen.

Al contestar sobre la realidad de cómo enfrenta el tema de la información, cada personalidad, comenzando por uno mismo, podemos hacer los correctivos que se necesitan.

Evalúese ubicándose una puntuación en cada ítem:

01 El nivel de sensibilidad y de sentido psicológico que se requiere para captar los diferentes estímulos que se generan tanto en sí mismo como en el medio ambiente, se puede ubicar en:

1 2 3 4 5 6 7 8 9 10

02 La organización de la información que se tiene para que se ubique rápida y eficazmente en caso necesario, se puede ubicar en un nivel de:

1 2 3 4 5 6 7 8 9 10

03 La calidad de los análisis que permiten el buen uso de la data informativa que se tiene, se puede ubicar en:

1 2 3 4 5 6 7 8 9 10

04 El nivel de buena y adecuada utilización de la data informativa que se llega a tener, a su juicio, se ubica en:

1 2 3 4 5 6 7 8 9 10

De acuerdo con los resultados de esta evaluación de la personalidad y su data informativa, localice dónde están sus grandes debilidades y sus grandes fortalezas. Siempre hay que tomar en cuenta que, deben existir grupos especializados en cada una de estas actividades y que ese es el secreto de quienes hacen que la información se transforme en poder.

Para terminar, el tema de la información como concepto nos plantea, una duda que siempre tratamos de profundizar y que la dejamos para su reflexión, la cual es la siguiente:

¿Es la Búsqueda de la Información un Instinto de Todos los Seres Vivos?

En la ausencia de mensajes que hemos valorado como uno de los grandes problemas del venezolano, el proceso de la información nos resulta de una relevancia particular y que, finalmente se va a relacionar con el conocimiento y entendimiento en el sentido que por la falta de una información adecuada por restricción o desconocimiento de datos, entendamos en base a deducciones o inferencias más que por una adecuada información.

Liderazgo

Tipos de Liderazgo

El líder que es modelo nos enseña cómo proceder,

El que es ejemplo nos muestra cómo trascender...

I.-El mejor guía, es quien controla en forma abierta lo que hacemos y al mismo tiempo nos genera prescripciones de lo que debemos hacer.

II.-El peor guía, es quien nos controla en forma encubierta lo que hacemos y al mismo tiempo nos pone restricciones a lo que queremos hacer...

III.-Conocimiento para escoger el mejor camino; guía para perfeccionarnos en él...

La capacidad que tenga cualquiera para influir de manera importante y, en ocasiones, determinante, sobre las actitudes de los demás, es lo que consideramos liderazgo en el sentido amplio. Esto quiere decir, que todo aquel que influya en valores, conocimientos, emociones y conductas de los demás, tiene el papel general de líder y que claro está, será más importante mientras mayor sea la necesidad para recibir una guía y el grado de satisfacción que se experimente con ello.

Una guía básica de los diferentes tipos de líderes, de acuerdo con este esquema de aproximación será la siguiente:

Líderes de Valores

Llamados figuras ejemplares, este liderazgo, propone en individuos y grupos, los valores básicos que le dan sostén a la vida de muchos seres humanos. El que alguien genere valores, indudablemente está ligado a las figuras que, por cumplir con los valores, se convierten en sus símbolos.

Líderes de Conocimiento

Este liderazgo, señala cómo quien ofrece la información adecuada, toma gran importancia en diferentes aspectos de la vida de algún individuo o grupo, al aportar conocimientos y opiniones, visiones y misiones, asumiendo el papel de expertos de área.

Líderes de Emoción

Este líder afectivo o emocional, es el que puede ser considerado, grosso modo, como carismático y, por lo tanto, de influir a través del conocimiento y manejo de las emociones de los demás, creando climas que van desde las más intensas alegrías o tristezas, hasta las manifestaciones de miedo o de ira.

Líderes de Conducta

Este tipo de guía, se establece en base a los logros y éxitos que consiga la persona que asuma copiar el modelo de quienes lo han logrado con una determinada forma de ser y hacer. Esta figura de modelaje es importante en esta época.

Cada uno de estos líderes, pueden actuar por separado siendo figuras ejemplares que, sin embargo, no aportan modelaje o figuras de expertos de conocimiento que no poseen nada de carisma emocional.

Valores + Conocimiento: Líderes de gran sabiduría y rectitud que se transforman en unos grandes "gurú" con un toque espiritual importante, que refuerza sus posiciones de expertos de área.

Valores + Emociones: Líderes que se transforman en guías espirituales que ayudan a encontrar verdades a quienes sienten que no la tienen.

Valores + Conducta: Son guías que establecen escuelas en las que la gente pertenecen formando una especie de sectas que los hacen incuestionables para quienes le siguen.

Conocimiento + Emociones: Líderes que generan impacto e influencia a través de lo que podemos llamar "sentimientos" y que, sin embargo, no generan movimientos conductuales por carecer del elemento de modelaje.

Conocimiento + Conducta: Este liderazgo probablemente se encuentra en los gerentes que no generando ni valores ni emociones de gran contacto, se muestran como adecuados para enfrentar y dirigir organizaciones de finalidad económica y financiera.

Emociones + Conducta: Este perfil describe a quien no presenta mensajes valorativos, que permitan mostrarse como ejemplos ni aún con los conocimientos necesarios para ser catalogados como expertos de área. Son líderes pasionales que mueven a través de emociones y conductas y que además, le añaden un papel de ídolos, irracionales, a una figura de por sí, carismática.

Con esta guía, podemos emprender el conocimiento más sistematizado de los diferentes liderazgos que uno pueda estar realizando, o aspirando y para colocarse los retos de logro y mejoras que requiere hacer. Por otra parte, sirve para saber en qué tipo de liderazgo se colocan todas las figuras públicas o privadas que ejercen, con sus liderazgos, impactos en nuestras vidas individuales y colectivas.

Democracia

¿Somos mayoría o minoría?

¿Estamos incluidos o excluidos?

I

La democracia, aunque tiene varias partes,

Siempre termina siendo indivisible...

II

Toda verdadera democracia termina por generar riquezas,

Aunque no toda riqueza termina por generar una verdadera democracia.

Pero toda falsa democracia termina por malgastar las riquezas.

Hay dos preguntas que, en forma directa e inmediata, nos ubica en quiénes somos dentro de un determinado sistema y las características de como éste trata a quienes están relacionados con él.

Esas dos preguntas son importantes desde los puntos de vista social, político y económico.

Las preguntas son fáciles de hacer e importantes de responder.

* ¿Usted es parte de la mayoría o de la minoría?

* ¿Usted está incluido o excluido del sistema?

El concepto y ejercicio de la democracia contempla que todos los integrantes del sistema deben estar incluidos, sin importar si son mayorías o minorías; lo que no acepta la democracia, es la presencia de la exclusión tanto que, podemos decir que cualquier sistema deja de ser una verdadera democracia, al existir un solo excluido.

Nuestro concepto de democracia más allá de las otras definiciones y conceptos, consideramos que la democracia es "la existencia de un sistema en el cual, todos sus integrantes están incluidos, sea como mayorías o minorías, en un juego que se perfecciona continuamente, teniendo también, amenazas muy importantes que se realizan a través de las exclusiones".

La democracia, tal como la vemos es un sistema que puede encontrarse desde una pareja o familia, hasta cualquier institución o empresa por sencilla que sea y que por lo tanto, hace que profundicemos un poco esta óptica, porque al ser la democracia una dinámica de incluidos (personas que se cuentan como pertenecientes y miembros de la estructura), éstos se pueden distribuir como pertenecientes a una mayoría o, por el contrario, en las minorías, generándose dinámicas en las que desde las mayorías se escogen, por diferentes métodos, a los mejores que conformarán parte de la minoría y que, mientras duren en estas posiciones privilegiadas, deben generar productos que realmente sean beneficiosos para todo el sistema. En la democracia teórica, desde familia hasta Estado, esto ayuda a que todo el sistema tenga buenos resultados.

Los problemas comienzan cuando, por diferentes causas e intereses, la gente que está incluida comienza a ser excluida (o a sentirse tratada como tal) por diferentes motivos generando a las mayorías excluidas que, comienzan a representar una verdadera amenaza para las minorías incluidas o dominantes.

Las mayorías excluidas, por diferentes razones de muchos tipos, pueden desintegrarse continua o rápidamente para conformar las llamadas minorías excluidas que, representan la negación total de la existencia y de la funcionalidad de la democracia.

El análisis de este concepto, debe hacer que se revisen todos los sistemas de complejidad diferente y que van desde la pareja y familia hasta el país, pasando por grupos, instituciones y empresas y de esta forma saber, sí respetamos el sistema democrático y le queremos dar la verdadera importancia que tiene para contestarnos, respecto a nosotros mismos, sí somos y nos mostramos como verdaderos demócratas o sí, tenemos muchas características que nos alejan de este ideal.

Revisando las características básicas de las actitudes en cada uno de los grupos que revisamos, encontramos las siguientes características:

Mayoría Excluida:

La razón busca la justicia por sobre la verdad.
La emoción se fundamenta en la fortaleza de ser muchos.
La conducta busca romper el sistema que los excluye.

Minoría Incluida:

La razón busca la verdad por sobre la justicia.
La emoción se fundamenta en una convicción de razón.
La conducta busca mantener el sistema.

Lo terapéutico de este concepto tan importante es analizar como la actitud y la forma de vivir nos lleva a querer plantear que la democracia es un modo de vida que requiere de unas condiciones básicas que integran en una realidad: la libertad, la igualdad, la consciencia y otros tantos conceptos, de forma tal que nos conduzcan a comprender la necesidad que tenemos los unos de los otros, como seres humanos.

En el mundo actual, en el cual las realidades de multiculturalidad y mestizaje nos han ampliado el mundo, no podemos considerarnos demócratas cuando le damos mayor valor a las diferencias que tenemos que a las semejanzas que nos unen y que nos permiten incluir y ser incluidos, mayoritario y ser mayoría sin que sintamos diferentes miedos.

Si soy interdependiente y sustentable, soy demócrata.
Si estoy incluido, y todos como yo, lo están, estoy en democracia.
Si tengo mi moral, respetando las que tienen otros,
Dialogando sobre ellas para que todos crezcamos y,
Si lucho por los valores trascendentes de un sólo hombre
Como si defendiera la humanidad entera,
YO SOY la democracia…

Tiempo

Si mientras consumo mi vida,
Voy consumiendo mi tiempo,
Obteniendo lo que necesito y lo que deseo,
Lo que llegue a mí, terminará por ser adecuado,
Aunque no siempre sea de mi agrado.

Si consumo mi tiempo a costa de mi vida
O mi vida a costo de mi tiempo;
Si llego a consumir mis riquezas
Para conseguir más o mejor vida,

Si llego a consumir más vida
Para resguardarme más tiempo,
Tengo que tener claro qué es lo que soy
Y qué es lo que tengo,
Qué es lo que necesito y
Qué es lo que deseo.

Cuando nos piden que conceptualicemos este concepto, nos podemos quedar con la boca abierta a pesar de saber lo que es y de ser una de las preocupaciones más importantes del ser humano. Así, al hacer búsquedas y reflexiones sobre cómo conceptualizar el tiempo, encontramos una definición poética en la Real Academia Española que nos dice que es la "Duración de las cosas sujetas a mudanza". Además se profundiza como una "magnitud física que permite ordenar la secuencia de los sucesos y que por lo tanto genera, un tiempo presente, un pasado y un tiempo futuro.

Con esto, hemos estructurado, de manera muy simple, lo que llamamos una Teoría de los Tiempos que al explicarse, en forma muy sencilla parte de un presente que se vive en forma continua y que nos coloca en el balance que se tienen de fortalezas y debilidades así como también de las amenazas y de las oportunidades.

Desde este presente, podemos dirigirnos al pasado, propio o colectivo y explorarlo a través de la memoria y podemos revisarlo como una fuente de aprendizajes que tenemos en nuestro haber y al hacerlo, nos ubica en un segmento del pasado, desde el cual partimos hasta el presente, para encontrar

una respuesta básica siempre, el por qué somos lo que somos y no somos diferentes y así termina por justificarnos.
Desde el presente, también nos podemos enfocar al tiempo futuro que, al ubicarnos en el tiempo por venir, nos plantea un proyecto que merece esfuerzos y que una vez ubicado en el tiempo futuro, en un segmento, al ubicarse en él, desde allí, darse indicaciones para entrar en un proceso de perfeccionamiento para el logro.

Gráfico: Teoría de los Tiempos.

Aquí es importante hablar de los siguientes conceptos:

- Misión: es el continuo que va desde el pasado con la justificación y que sigue con la planificación.

- Destino: es el continuo contrario y por lo tanto va desde el tiempo futuro hasta el pasado, es decir; contemplando el perfeccionamiento y la revisión de los recuerdos.

Esto hace que alguien, al revisar el criterio de este concepto, podemos encontrar las siguientes situaciones, que merecen nuestra máxima atención para llegar a tener mayor claridad en cuanto estamos ubicados respecto al concepto tan importante del tiempo que va modificando todas las existencias y vidas.

Justificación mayor que la Planificación.

Anclaje superficial en el pasado que, además no se complementa con la visión de un futuro claro. Falla en la misión de vida.

Planificación mayor que la Justificación.

Anclaje superficial en el futuro que, además corre el peligro de no contar con un pasado suficientemente sólido y explicado.

Revisión (memoria) mayor que Perfeccionamiento.

Hay determinados problemas con la visión de un destino que guía que, probablemente hace que la sólida revisión del pasado no sirva de mucho.

Perfeccionamiento mayor que Revisión (memoria)

La presencia de un destino que guía y pone pautas no se corresponde con una adecuada revisión del pasado, que facilite estos procesos de mejoramiento continuo.

Misión mayor que Destino.

La claridad de lo que se quiere, sin embargo, es vulnerable por la ausencia de una buena revisión de los aprendizajes del pasado y del perfeccionamiento continuo que requiere. En este caso, con cualquier problema de planificación, se puede dañar el todo.

Destino mayor que Misión.

La claridad de lo que se necesita y se quiere ser al no tener una buena justificación ni legitimación, planificación, se vuelve casi imposible puesto que se está esperando que se cumpla el destino por golpes de suerte que llevarán a cumplirlo.

Todo esto concluye en la necesidad que tenemos como individuos y grupos, a tener una buena relación con el pasado para que nos dé una buena justificación, y a tener una buena relación con el futuro que nos ayude a tener una clara legitimidad, al respondernos el para qué existimos.
Con un buen legado y un también buena esperanza, lo más probable que las adversidades del presente sean superadas con un sólido optimismo.

Por último, creemos que hay un undécimo concepto que puede resumir la mayor y más importante búsqueda del ser humano de todos los tiempos. Es la felicidad que, con los conceptos de "Amor" y de "Tiempo" conforman, a nuestra comprensión, los tres conceptos básicos que toda persona consciente tiene que tener para mejorar continuamente su vida consciente.

Felicidad

¿El Bien Mayor?

La felicidad, finalmente, llega a ser una decisión.

La realidad que más busca el ser humano, es la felicidad que, incluso puede tener diferentes enfoques y por lo tanto, diferentes métodos para encontrarla, mantenerla, asegurarla, recuperarla y optimizarla. Cuando la Real Academia Española habla en su primera acepción que es el "Estado de ánimo que se complace en la posesión de un bien" está, en nuestra opinión, resumiendo, la visión que nos hace conceptuar a la importante felicidad como "la posesión del bien mayor".

Esta localización de la felicidad " como el bien mayor" que va más allá de las acepciones que la hacen parecer como sinónimo de dicha o placer, nos enfrenta, a la necesaria respuesta que cada uno de nosotros, le debemos dar a la inquietante pregunta de ¿cuál es nuestro bien mayor?. Esta pregunta nos pone, incluso a reflexionar sí estamos poniendo a la felicidad en cosas imposibles como el amor de alguien que ya partió o la tenencia de una riqueza económica extraordinaria cuando esa no ha sido la finalidad de nuestra la vida o, sí por el contrario, la estamos colocando en una gran cantidad de cosas que en su variedad, a lo mejor se contradicen la una con otra o, sencillamente, no se tiene ni la menor idea de cuál es este bien mayor que va más allá, al menos para nuestra concepción, de ser "satisfacción, gusto, contento" o de una "suerte feliz".

En nuestro esquema de abordaje emocional, pensamos que la felicidad es el elemento de la alegría que, aparte del placer y la dicha, logra llevar el peso mayor de ella pero que, al tener relaciones tanto con uno, el placer, como con la segunda, la dicha, nos plantea, elementos interesantes de buscar en las emociones. La felicidad es el centro de la alegría así como la prosperidad es el centro de la ira, la consciencia lo es de la tristeza y la seguridad del miedo.
Las relaciones de la felicidad con el placer, tienen expresiones muy claras, en la presencia del éxtasis como realidad, que se encuentra como mejor ejemplo en el momento del orgasmo, que para muchos, nos lleva al máximo de placer y la mayor consciencia de la felicidad, en especial de quienes la colocan, como bien mayor en estar vivos y estar conscientes.

Por otra parte, las relaciones de la felicidad con la dicha, nos habla de la concepción de un sentimiento de plenitud, de llenura, que no necesita del éxtasis para ser. Con la felicidad clara, por lo tanto se puede llegar al éxtasis y de la misma forma a la plenitud.

No obstante, es interesante, evaluar que, cuando no hay felicidad ni placer se llega a la pesadumbre como expresión emocional con todo el desgaste y que cuando, esta infelicidad se mezcla con la desdicha, se llega a un sentimiento que se describe muy bien como la vacuidad, el vacío, la nada. Cuando, seguimos profundizando, nos encontramos con más posibilidades emocionales.

Posibilidades Emocionales:

Gran Placer Con Poca Felicidad

Se traduce y se valora la presencia del placer como una conducta evasiva ante la ausencia de felicidad, y que posiblemente es la expresión de muchas conductas compulsivas en que cada vez se necesita de mayor placer para escapar de la infelicidad.

Gran Felicidad con Poco Placer

En esta situación contraria, se encuentra, probablemente la realidad de lo que sienten muchas personas que se aíslan del mundo placentero para adentrarse en la felicidad pura y que pocos pueden llegar a entender.

Gran Dicha con Poca Felicidad

Hay quienes buscan estar contentos todo el tiempo, a través de celebrar constantemente muchas cosas para no enfrentarse a la infelicidad que sienten. Este es una de las sensaciones que muchos perciben ante quienes constantemente están contentos pero que, no muestran, al mismo tiempo, la profundidad que da la felicidad.

Gran Felicidad con Poca Dicha

Es la vida de muchas personas que sienten una gran felicidad aunque no se muestre estar contento y aún en situaciones de gran adversidad, de desdicha, son a los que vemos probablemente con una gran fuerza espiritual para continuar siendo felices en cualquier circunstancia.

Una posibilidad, la vida consciente.

Con esta visión conceptual de lo que es la felicidad y que, probablemente, choca con la forma que tienen muchos de verla y enfrentarla, da pie para que hablemos de cómo colocándola en el bien mayor de la vida consciente, toda otra posesión queda relegada como causas de dicha y de placer.

A esta conclusión han llegado muchos filósofos y pensadores que por lo tanto al privilegiar la vida consciente, quiere prolongarla inclusive, con la consciencia que puede existir aunque la vida no esté.

La felicidad: ¿Buscarla o Descubrirla?

Las indicaciones que podemos hacer con este concepto tan difícil de explicar pero tan fácil de sentir en uno y de percibir en los otros, queda, a nuestro juicio, en saber sí se está en su búsqueda o en su descubrimiento, es decir; si no sabemos cuál es la tenencia que nos hace felices y que aún como una paradoja, tengamos en la vida actual y que hace que tengamos que descubrirla para tener consciencia de ella o, para quienes, sabiendo cuál es el elemento mayor, imprescindible, para ser feliz, no lo logre tener, lo que hace que la felicidad ya no sea un proceso de descubrimiento, sino de búsqueda.

Lo más importante en este tema, sea cuál sea su posicionamiento ante lo que es la felicidad, es que probemos por llegar a una respuesta, no importa si equivocada o no, sobre cuál es el bien mayor, el que nos hace felices, para evaluar todas las oportunidades que tenemos para lograrlo si no lo tenemos o para disfrutarlo sí, por el contrario, ya contamos con su presencia.

Sí son muchos los bienes que compiten por este bien mayor, debemos tener claridad que mientras más requisitos nos coloquemos para ser felices, más difícil será lograrlos o mantenerlos a todos juntos.

Hay que simplificar la vía a la felicidad y tratar de no confundirla con la presencia de los placeres ni de la dicha, recordando siempre nuestro merecimiento de ser felices el mayor tiempo posible, aunque vivamos épocas de adversidad.

Este punto conceptual, quizás resume lo que es la búsqueda fundamental de toda persona, de todo habitante que puebla al país y que, por lo tanto, resulta fundamental que genere la búsqueda primaria de un concepto de ella que le permita identificarla, buscarla, obtenerla, recuperarla, incrementarla y optimizarla. La gran pregunta a responder es sí el venezolano tiene claridad de lo que es su felicidad y de cómo obtenerla siendo básico si la confunde con el concepto de bienestar o, incluso; si la felicidad está en el bienestar de vida, en la calidad de vida que pueda tener.

Podemos estar cayendo en la realidad en la que por no tener claridad en el concepto de la felicidad, la confundamos con bienestar y, en segundo lugar, a que un Estado intervencionista, trate de responder por el individuo sobre cuál debe ser la felicidad que busca y tratar de imponerla traspasando lo que para nosotros es que la búsqueda de la felicidad, es un proceso individual para lo que el Estado proporcione las condiciones básicas para el estado de bienestar y calidad de vida para que, desde allí, cada persona busque la felicidad que quiera.

La nueva fase en que a nuestro juicio, está entrando Venezuela requiere de la intervención consciente de cada venezolano en una o más de las actividades que generan estas realidades y que lleven a que unos como personalidades individuales o grupales puedan actuar en el fomento del amor, de los valores, de la comprensión, de las emociones, del poder, del capital social, de los mensajes, del liderazgo, de la democracia o del tiempo y que, de la misma forma, sepa reconocer las capacidades y limitaciones que tiene cada liderazgo, individual o grupal, en cada uno de estos diez puntos básicos a encarar y resolver.

En los cambios de fase hay dramas que se debe evitar se tornen tragedias y, por lo tanto, establece un reto importante que esperamos se clarifiquen y se simplifiquen con la transparencia de una evaluación honesta de lo que somos como venezolanos y de lo que percibimos en nuestro país.

CAPÍTULO VIII
¿QUÉ HACER?
EL LIDERAZGO NECESARIO

Para poder interpretar correctamente el objetivo de liderazgo más colectivo que plantea el cambio de fase de acuerdo a nuestro juicio, uno de los elementos más importantes tiene que estar fundamentado en la presencia, investigación, identificación y optimización de un liderazgo que tenga las características necesarias:

Líderes del amor que enseñen compromiso.

Líderes de los valores que enseñen manejo del poder, de la convivencia y la trascendencia.

Líderes de la comprensión como fenómeno cognoscitivo.

Líderes de las emociones y de su adecuado equilibrio y manejo.

Líderes de la conducta que hacen reflexionar.

Líderes de capitales humano, político, económico y social.

Líderes de la información para dar mensajes adecuados.

Líderes de la democracia como sistema inclusivo y mayoritario.

Líderes del manejo adecuado del tiempo.

Al tener una visión que para nosotros es realmente diagnóstica sobre la realidad del venezolano, al estar finalizando un ciclo y en el cual, a través del análisis del Mapa de Poder que revisamos en el capítulo anterior evaluamos que nuestro problema como pueblo y como sociedad es más mental que político, económico o social, por la instalación y repetición de un "voto" de evasión que no nos permite enfrentar la realidad con la suficiente objetividad para hacer la prevención que se necesite, nos habla de la necesidad de un liderazgo que conozca, entienda y comprenda estas realidades o que, al menos, se haga la pregunta de cuánta verdad hay en esta valoración, no para negarla y desecharla sino para investigar las verdades que puedan existir y que necesitan ser enfrentadas con investigaciones que generen esas verdades.

Este esquema sirve para que podamos describir con profundidad los nuevos liderazgos que necesita un país enfrentado a una severa crisis que ha llevado a que más de un millón y medio de venezolanos hayan decidido irse para hacer presente y futuro en otras tierras.

Nuestra tesis es que se está generando un nuevo ciclo en el cual, el liderazgo individual por sus características de carisma y atracción de:

Perfil de Imagen Física, el poder secundario.
Perfil Psicológico de Interdependencia.
Perfil Emocional del Amor.
Perfil Moral y Ético. Dialogismo Dramático.
Perfil Ideológico. Sostenibilidad Sustentable.
Perfil de Rol Hermano.
Perfil de Capital Político que trabaje lo económico y lo social.
Líder social que trabaje lo económico y político.
Líder económico que trabaje lo social y político.
Perfil de Casting: vida / premio / verdad.

Perfil de Humanidad ¿es necesario un nuevo código de honor?

Poder del Ser, completar el proceso resiliente.

Aprovechar las lecciones aprendidas.

Legitimarse.

Poder de Concepto y Comunicación.

El reto que constituye cada punto del diagnóstico de diez puntos hechos.

Comprender el drama de un cambio de fase

Aplicación de los Conceptos de Amor, Tiempo y Felicidad.

Los diez conceptos básicos:

Amor

Valores

Comprensión

Emoción

Poder

Capital

Mensaje

Liderazgo

Democracia

Tiempo

Y, por último, FELICIDAD

EPILOGO

En diciembre de 2016, al regresar a Caracas después de una prolongada ausencia, mi querido amigo Roberto De Vries me comunicó que había terminado de escribir un libro denominado "El Venezolano", basado en investigaciones que a través de varios años habíamos realizado en el país. Me pidió que lo revisara y escribiera el capítulo final para publicarlo, empecé a trabajar en lo que me pidió, pero lamentablemente y de una manera inesperada al mes siguiente se fue a una nueva dimensión.

Después de su partida y revisando todo lo escrito concluí que lo que faltaba en el libro era el resumen de las características de un venezolano excepcional:

ROBERTO DE VRIES

Reconocido médico psiquiatra y comunicador social, partió de este plano de manera sorpresiva y rápida. Fue un hombre de virtudes que, con su inteligencia y creatividad, busco los conocimientos necesarios para alcanzar una sabiduría que expresaba, en cada una de sus acciones por lo que fue, un excepcional ser humano.

Su calidez, comprensión, solidaridad, sindéresis, equilibrio y armonía eran su modo de vida; la serenidad y la paz eran su regalo para quienes lo conocimos. Gracias a su paciencia y; en especial a su bondad y misericordia, dejo una inmensa huella en todas las personas que tuvimos el privilegio de conocerlo y compartir con él.

Para él los Amigos – con mayúscula – fueron tan importantes que nos sabíamos parte de su corazón cuando vivía y; ahora nos convertimos en parte de su alma eterna.

Por estas razones y más, Roberto De Vries no era una persona **"a quien querer sino con quien querer"**, como expresa en una elegía a su amigo muerto , el gran poeta español Miguel Hernández

MARINA LANDER DE PERAZA

www.ingramcontent.com/pod-product-compliance
Lightning Source LLC
LaVergne TN
LVHW080454160826
845677LV00006B/1353